AF202465

Dankbarkeit
Warum wir sie brauchen

Über die Autorin:

Die Autorin, studierte Philologin, lebt mit ihrem Mann in einer sympathischen kleinen Stadt im Westmünsterland, in der es noch einen regionalen Wochenmarkt gibt und die Entfernungen mit dem Fahrrad zu bewältigen sind. Die drei Kinder sind bereits aus dem Haus.

Das vorliegende Buch ist das vierte Buch der Autorin.

Inka Faltynowicz

Dankbarkeit
Warum wir sie brauchen

© 2016 Inka Faltynowicz

2. Auflage

Umschlaggestaltung: Inka Faltynowicz

Umschlagfoto: Inka Faltynowicz

Verlag: tredition GmbH, Hamburg

Paperback

ISBN 978-3-7345-6492-5

Hardcover

ISBN 978-3-7345-6493-2

Bibliografische Information der Deutschen Nationalbibliothek: Die Deutsche Nationalbibliothek verzeichnet diese Publikation in der Deutschen Nationalbibliografie; detaillierte bibliografische Daten sind im Internet über http://dnb.d-nb.de abrufbar.

All meinen Lieben gewidmet

Zu dem Buch:

In dem Buch befinden sich kurze Texte aus anderen Büchern der Autorin.

Inhalt

Einführung

Es waren die vielen Geschichten von fehlender Dankbarkeit, die ich im Laufe der Jahre zu hören bekam, die mich zu dem Buch geführt haben. Denn sie stimmten mich nachdenklich, indem sie mir bewusst machten, wie aufwühlend und deprimierend es für einen Menschen ist, wenn die Dankbarkeit wegbleibt. Der direkte Impuls kam jedoch von der Dankbarkeit selbst. Es war das innige, warme Gefühl, das mich während der Trauerfeier nach dem Tod meiner Mutter auf einmal übermannt hatte. Es ließ mich spüren, wie sanft, selbstlos und ganz von Liebe erfüllt sich die Dankbarkeit anfühlen kann. Tief bewegt begann ich den Fragen, die mich seit Langem beschäftigten, nachzugehen. Das Ergebnis ist das vorliegende Buch.

Inka Faltynowicz

Das Ziel des Buches

„Denn, um klar zu sehen, genügt ein Wechsel der Blick-
richtung.“ (Antoine de Saint-Exupéry)

In unserer modernen westlichen Welt scheinen sich manche der großen menschlichen Qualitäten nahezu überlebt zu haben – selbst die Dankbarkeit gehört dazu. Vielen kommt sie heutzutage veraltet und zeitfremd vor, wie eine längst überholte Verhaltensregel, eine angestaubte Konvention, die Menschen gerne in Schuldgefühle verstrickt, sofern sie ihre Erwartungen nicht erfüllen.

Hat die Dankbarkeit jedoch in unserer Welt, gewinnorientiert und von Anspruchsdenken gebeutelt, wirklich ausgedient? Oder ist es vielleicht eher umgekehrt? Gerade jetzt gewinnt sie an Bedeutung. Nur entgeht es uns gänzlich, sofern wir bei der herkömmlichen Betrachtungsweise bleiben.

Ändert man jedoch den Blickwinkel, sieht man die Welt mit anderen Augen. Nimmt folglich den anderen Menschen, die Umwelt und auch sich selbst anders wahr – und findet leichter die Antworten.

Und eben das versucht das vorliegende Buch: Hinter die uns selbst angelegte Sichtgrenze zu blicken, um den eigentlichen Sinn der Dankbarkeit zu ergründen und ihrer Bedeutung für jeden Einzelnen wie für die Mitwelt gewahr zu werden.

Bocholt 2015

Teil I

Die verschiedenen Gesichter
der Dankbarkeit

„Höchst anmutig sei das Danken." (Johann Wolfgang Goethe)

1. Dankbarkeit und der Alltag

Was wir im Alltag unter Dankbarkeit verstehen

Für gewöhnlich machen wir uns über die Dankbarkeit keine großen Gedanken. Setzen wir uns jedoch mit dem Phänomen auseinander, so geschieht es meistens gezwungenermaßen. Entweder, weil wir die Dankbarkeit auf einmal schmerzlich vermissen oder unter den Forderungen, sich dankbar zu erweisen, leiden. Nicht wenige sind dann überrascht, wie tief sie das trifft: Sie fühlen sich nicht wahrgenommen, ausgenutzt und oft genug in ihrem tiefsten Inneren verletzt; oder sie stöhnen unter der Last der von ihnen erwarteten Leistung, die sie wie unsichtbare Ketten emotional einengt und ihnen die Luft zum Atmen wegzunehmen droht.

Im Alltag wird Dankbarkeit in erster Linie als Handlung, also Dank, wahrgenommen und vor allem als eine Geste der Höflichkeit verstanden. Dabei halten sie einige lediglich für eine bloße Konvention, andere dagegen für eine wichtige gesellschaftliche Grundregel; wieder andere betrachten sie sogar als eine (moralische) Verpflichtung, die man in dem Moment eingeht, in dem man ein Geschenk, Hilfe oder Zuwendung eines anderen annimmt. Die Sichtweisen, die hinter der jeweiligen Betrachtung stehen, unterscheiden sich oft bedeutend.

Dankbarkeit und das gute Benehmen

„Gutes Benehmen ist die Kunst, Menschen unseren Umgang angenehm zu machen." (Jonathan Swift)

Jede Gesellschaft bedarf der Rücksichtsnahme, sonst wäre ein friedliches Miteinander nicht möglich. Es ist der höfliche Umgang, der das Zusammenleben erleichtert und ermöglicht. Nicht umsonst gehört die Botschaft: „Sei freundlich, sag bitte und danke", zur Kinderstube jeder Kultur. Denn, indem wir uns bedanken, auch wenn es mal reflexartig geschieht, zeigen wir, dass wir die Bemühungen der anderen zu würdigen wissen. Somit ist ein Dankeswort gleichermaßen ein Ausdruck der Höflichkeit wie der Dankbarkeit.

Die Behutsamkeit dem anderen gegenüber gehört zu den universellen Prinzipien jeder Gesellschaft. So empfiehlt z. B. die taoistische Lebensphilosophie, sanft mit sich und den anderen umzugehen, um sie seelisch nicht zu verletzen. Denn auch der kleinste Dank verhindert, dass sich der andere nicht beachtet und deswegen verstört fühlt. Zudem signalisiert es ihm auch unsere Wertschätzung und unseren Respekt.

Gutes Benehmen wird von einigen Menschen für fremdbestimmt,* stereotyp und automatisch** gehalten. Allerdings

---

* Selbst dem Reformpädagogen und Gründer der Summerhill School A. S. Neill, („selbstregulative" Erziehung), war das gute Benehmen wichtig. In seinem Buch „Theorie & Praxis der antiautoritären Erziehung" heißt es: „Gutes Benehmen verbietet, einen anderen zu verletzen" (Neil 1969, S. 188, zit. nach: www.ph-heidelberg.de/ org/ife/zulas/summerhill/Inhalt, S. 38). Zudem weiß jeder aus Erfahrung, wie sehr uns gutes Benehmen dabei hilft, sich sicherer und gelassener im Umgang mit anderen zu fühlen.
** Wir erledigen den größten Teil unserer Alltagsaufgaben, Neurowissenschaftler sprechen von über 90 Prozent, auf „Autopilot", und werden von „unbewussten Mustern" im Kopf gesteuert. Die eigentliche Aufgabe des „Autopiloten" ist schnelles, effizientes Handeln. Aus diesem Grund bilden >

braucht ein feinfühliger Mensch nicht einmal einen Knigge, weil er von seinem Wesen aus einfühlsam und somit rücksichtsvoll und taktvoll im Umgang mit anderen ist. Mit dem kleinen Wort *danke* geht es sich sowieso leichter durchs Leben, da es neben den Herzen der anderen auch unser eigenes erwärmt. Es heißt auch: „Die Höflichkeit ist die Schwester der Liebe" (Franz von Assisi).

Dankbarkeit als „Dankensschuld"

„Dankbarkeit ist für andere ein Ausgleich." (Bert Hellinger)

Die meisten Menschen fühlen sich dazu verpflichtet, sich zu revanchieren, wenn sie etwas von anderen bekommen. Denn mit der Gegengabe können sie den Ausgleich wiederherstellen und sind dem Geber nichts mehr „schuldig".

Der Ausgleich liegt in der Natur des Lebens. Er gehört zu seinen grundlegenden Kräften und dient der Herstellung des Gleichgewichts in der Natur wie in der menschlichen Gesellschaft.

Die Natur sucht ständig nach Ausgleich und damit nach Gleichgewicht. Denn nur intakte Ökosysteme ermöglichen das Überleben der verschiedensten Lebewesen. „Kippt" z. B. ein See, leiden darunter alle seine Bewohner, Tiere wie Pflanzen. Das Prinzip des

---

> wir mit der Zeit Gewohntheiten, die uns den Alltag erleichtern. Wir profitieren davon nicht nur beim Autofahren und morgendlicher Toilette. Beim Umschalten auf den „Autopiloten" haben wir mehr Energie für das bewusste Denken und Handeln. So bedeutet gutes Benehmen beigebracht zu bekommen, ein Verhaltensmuster, ein „Höflichkeitsmuster" entstehen zu lassen, das uns im Leben begleitet (vgl. Dokumentation von Francesca D´Ámicis u. a.: Das automatische Gehirn).

Ausgleichs ist in der Natur allgegenwärtig: in der Osmose (Streben nach Gleichgewicht bei verschiedenen Konzentrationen von gelösten Stoffen, z. B. Süß- und Salzwasser), Homöostase (Streben nach Gleichgewicht eines Organismus, z. B. Spannung und Entspannung) wie in der Symbiose (einem engen Zusammenleben, dem ein gegenseitiges Geben und Nehmen zugrunde liegt). In jedem natürlichen System (siehe S. 64) suchen all seine verschiedensten Teile ständig nach Ausgleich und Harmonie.

In den sogenannten modernen Gesellschaften wird das Bewusstsein von der Notwendigkeit des Ausgleichs als soziale Umgangsform festgelegt. Die Benimmregeln besagen, dass jede Gabe eine Gegengabe und jede Leistung eine Gegenleistung erfordert. Die Soziologen nennen sie Prinzip der Gegenseitigkeit (Reziprozität). Die gesellschaftliche Grundregel ist in allen Kulturen zu finden, bei den indigenen Völkern wie in den Industriegesellschaften.

Wie die Gegenseitigkeit bei den Naturvölkern funktioniert, beobachtete am Anfang des 20. Jahrhunderts der bekannte Anthropologe Bronisław Malinowski. In jahrelanger Feldforschung in den Südseeinseln (Trobiand-Inseln) untersuchte er das Phänomen des Gabentauschs „Kula". Seine Schlussfolgerung war, dass die Gegenseitigkeit eine wichtige Rolle in dem Leben der Naturvölker spielt. Sie sorgt nämlich für den Zusammenhalt, indem sie die sozialen Beziehungen herstellen und pflegen hilft.*

---

* Mit der Bedeutung der Reziprozität bei den Naturvölkern (und in den archaischen Kulturen allgemein) hat sich auch der bekannte Ethnologe Marcel Mauss beschäftigt. In seinem Buch „Die Gabe" (1923) hatte er sich auch auf die Feldforschung von dem Bronisław Malinowski bezogen. Malinowski hatte seine jahrelange Forschung in den Südseeinseln in dem Buch „Die Argonauten des westlichen Pazifik" (1922) beschrieben.

Nimmt man das Ausgleichprinzip ausschließlich als gesellschaftliche Norm wahr, fühlt man sich zu einer Gegenleistung verpflichtet und handelt demgemäß aus Pflichtgefühl, um die sogenannte „Dankesschuld" zu tilgen. Folgt man jedoch der intuitiven Empfindung, so handelt man aus der Tiefe des Herzens heraus. Die Notwendigkeit des Ausgleichs wird dabei nicht als Pflicht, Zwang oder Schuld wahrgenommen, die es zu begleichen gilt, sondern als ein wärmendes Gefühl von liebevoller Anerkennung, Wertschätzung und Dankbarkeit. Im alltäglichen Leben ist die Grenze jedoch oft fließend.

Der Ausgleich kommt nicht nur dann zustande, wenn auf eine Gabe eine Gegengabe erfolgt, sondern auch dann, wenn wir uns bei anderen bedanken. Vorausgesetzt, es geschieht mit Achtung und Liebe. Denn der Dank gehört, nach dem Familientherapeuten Bert Hellinger*, zu dem angemessenen Ausgleich und ist „eine hohe Würdigung des Anderen" (vgl. Weber, 2007 S. 20).

Dankbarkeit als moralische Verpflichtung

„Dankbarkeit (...) ist eine gar wunderliche Pflanze, sobald man ihr Wachstum erzwingen will, verdorret sie." (Jeremias Gotthelf)

In vielen Gesellschaften wird Pflichterfüllung genauso hochangesehen wie Anstrengung, Fleiß und Disziplin. Für Menschen mit solcher Lebensanschauung besteht das Leben aus einer Reihe von Pflichten, die, je nach Kräften, erfüllt

---

* Bert Hellinger gehört zu den bekanntesten Denkern und Therapeuten der systemischen Familientherapie (vgl. www.therapie.de)

werden sollen. Als Pflicht wird dabei alles verstanden, was aus moralischen Gründen getan werden muss. Auch Dankbarkeit wird als eine Pflicht betrachtet. (Moral wird hier im Sinne von Wertevorstellung einer Gesellschaft verstanden, die für alle als ein Verhaltenmaßstab gilt.)

Dabei haben viele nicht nur ihre eigenen Pflichten, sondern auch die vermeintlichen Pflichten der anderen vor Augen. Und weil es für sie schwer vorstellbar ist, dass der Mensch ohne Weisung zu einem Zusammenleben mit anderen fähig wäre, ermahnen sie ständig ihre Nächsten und bestehen auf die Erfüllung ihrer Pflichten* – auch der Pflicht sich dankbar zu erweisen.**

Auch nicht wenige Eltern erwarten Dankbarkeit für die Erfüllung ihrer elterlichen Pflichten. Sie nennen es Dankbarkeit, appellieren jedoch an das Pflichtgefühl. Entsprechen die Kinder den Wünschen nicht, gelten sie als herzlos und egoistisch. Ihre Träume und Sehnsüchte, so wie ihr Bedürfnis nach Unabhängigkeit werden dementsprechend als Undankbarkeit ausgelegt.

Obwohl die meisten Menschen die Moralvorstellungen ihres Kulturkreises als allgemeingültig betrachten, sind die

---

* Eine Pflicht bleibt stets eine von außen auferlegte Aufgabe, bei deren Erfüllung es immer noch darum geht, wie die anderen mit uns zufrieden sind.
** Menschen mit solcher Einstellung appellieren oft an das Pflichtgefühl des anderen. Gibt man nach, hat der andere schnell die emotionale Kontrolle über uns. Zu solchem emotionalen Missbrauch kommt es öfter, als man denkt. Besonders schwer zu durchschauen ist der sogenannte „Terror der Schwäche": Egozentrische Menschen, die vor allem auf den eigenen Vorteil bedacht sind, nutzen schon mal eine Unpässlichkeit, ein Gebrechen oder Krankheit, um einen moralischen Druck auszuüben und den anderen an sich zu binden, indem sie ihn in die Pflicht nehmen und seine Zuwendung erzwingen. Besonders die empfindsamen, feinfühlenden Menschen lassen sich in solchen Situationen schnell vereinnahmen.

moralischen Gründe jedoch nicht bei allen Menschen die gleichen, da jede Gesellschaft ihre eigenen Vorstellungen von Pflichten wie von der Moral hat.

Weltweit gibt es viele verschiedene moral-philosophische Systeme: Die Moral der monotheistischen Religionen, zu denen die christliche Moral gehört, die religiös-philosophischen Systeme wie die des Buddhismus und Konfuzianismus, sowie die philosophische Ethik mit ihren vielen Abzweigungen. Die Umgangssprache kennt die bürgerliche Moral – einen Verhaltenskodex, der von der Mehrheit einer Gesellschaft als verbindlich angenommen wird. Darüber hinaus unterscheidet sie auch die *fremdbestimmte* und die *selbstbestimmte* Moral. Die fremdbestimmte Moral orientiert sich an Werten, die andere (Familie, Gesellschaft) für uns als verbindlich erklären. Die selbstbestimmte Moral folgt, wie der Begriff schon sagt, den eigenen, selbstbestimmten Vorstellungen vom Verhalten den anderen gegenüber.

Die Moralvorstellungen einer Gesellschaft sind jedoch nicht in Stein gemeißelt. Auch wenn nicht wenige davon fest überzeugt sind, sind sie wandelbar. Sie verändern sich, weil die Gesellschaft sich verändert. Auch in unserem Kulturkreis befinden sich die Moralvorstellungen in ständigem Wandel: Was noch gestern als fragwürdig, verwerflich oder gar verachtenswürdig galt, wird heute als normal, manchmal geradezu anständig, betrachtet. Es reicht schon an all die unehelich geborenen Kinder zu denken, die früher unter ihrer Herkunft zu leiden hatten. Von der Gesellschaft verachtet, von der Familie (oft) ausgestoßen. Heutzutage kann man sich darüber nur wundern und den Kopf schütteln, da es angesichts all der Nächstenliebe, die sonst den Menschen gepredigt wurde, geschah. Neuerdings haben alle Kinder die gleichen Rechte* und werden genauso geliebt, verwöhnt und verhätschelt. Und – alle finden es selbstverständlich. Darüber hinaus wird den alleinerziehenden Müttern der Mut hoch angerechnet, ein Kind zu gebären und allein zu erziehen.

Gleichzeitig mit der Vorstellung von Moral, verändert sich auch die Vorstellung von Pflicht und folglich das Verständnis von Pflichtgefühl und Dankbarkeit. Immer mehr Menschen wird bewusst, dass jedwede Forderung von Dankbarkeit eher hinderlich als fördernd ist. Besonders wenn es um die moralischen Verpflichtungen der Kinder geht, hat sich mittlerweile die Betrachtungsweise grundlegend verändert. **

Schon in den 30er Jahren des vorigen Jahrhunderts war der Entwickler der Bach-Blüten-Therapie*** Dr. Edward Bach überzeugt, dass Elternschaft „keine Verpflichtung der Kinder als Gegenleistung verlangt, da ihnen die Freiheit gegeben werden muss, sich auf ihre eigene Weise zu entwickeln (…) und schon bald dieselbe Pflicht erfüllen zu können"; Elternschaft sei eben eine Aufgabe, die „von einer Generation auf die nächste übergeht" (Bach 2004, S.81). Auch nach Bert Hellinger sind Kinder von solcher „Pflicht" entbunden. Der Ausgleich kommt zustande, indem sie das, was sie von ihren Eltern bekommen haben, an ihre Kinder weiter geben (Hellinger 2007, S.111-112).

---

* Im MA wurde den unehelich geborenen Kindern oft die Aufnahme in eine Zunft, gar ins Bürgerrecht verweigert. Wenn es um die Erbfolge geht, sind in Deutschland erst seit 1998 alle Kinder vor dem Gesetz gleich (www.erbrecht-heute.de).
** „Eure Kinder sind nicht eure Kinder. Sie sind die Söhne und Töchter der Sehnsucht des Lebens nach sich selbst. Sie kommen durch euch, doch nicht aus euch. Und sind sie auch bei euch, gehören sie euch doch nicht. Ihr dürft ihnen eure Liebe geben, doch nicht eure Gedanken." (Gibran 2003, S. 19)
*** Bach-Blüten-Therapie berücksichtigt „vor allem das seelische Element des Krankseins " (Blome 1992, S. 7).

Das bedeutet selbstverständlich nicht, dass man als Kind den Eltern gegenüber nicht hilfsbereit* und dankbar sein soll. Dankbarkeit entsteht jedoch nicht aus einem fremdbestimmten Pflichtgefühl, sondern kommt aus der Tiefe des Herzens. Sie offenbart stets ein offenes und feinfühliges Herz und bereichert zudem die Beziehung zwischen Kindern und Eltern.

Dabei ist die Grenze zwischen dem Pflichtgefühl und der Herzensgüte manchmal so schmal, dass es schwer zu sagen ist, wo das Pflichtgefühl endet und das Herz anfängt. Das Pflichtgefühl (im Sinne von sich verantwortlich fühlen) hilft uns besonders in Zeiten, in denen wir sehr in das Leben eingesponnen sind, manches nicht zu übersehen und zu versäumen. Davon profitieren besonders Menschen, die nicht zu dem engsten Familien- und Freundekreis gehören. Bleiben sie eines Tages alleine, „stehen sie auf der Liste", werden angerufen und besucht. Ein all zu starkes Pflichtgefühl kann jedoch die leise Stimme des Herzens ganz übertönen und uns um das wärmende Gefühl der inneren Zufriedenheit bringen. Handeln wir nämlich aus dem reinen Pflichtgefühl heraus, sind wir dann einfach nur froh, dass wir es (die Visite, das Telefonat) hinter uns haben.

---

* Fürsorge und Verantwortungsgefühl gehören einfach zur Liebe, dabei ist „das Verantwortungsgefühl etwas völlig Freiwilliges" (vgl. Fromm 1980, S. 36-38).

2. Dankbarkeit als ein Empfinden

Das Empfinden der Dankbarkeit und
die Lebenseinstellung

„Eher schätzt man das Gute nicht, als bis man es verlor." (*Johann Gottfried von Herder*)
„Das Gute, was uns widerfährt, nehmen wir gerne ganz selbstverständlich hin." (*Christoph Dinkel*)

Zum Wesen der Dankbarkeit gehört, dass sie ein Empfinden und ein Handeln in einem ist. Obwohl sie im Alltag in erster Linie als Anerkennung und daraus resultierte Handlung (der Dank) wahrgenommen wird, ist sie jedoch zuallererst ein Empfinden – ein wärmendes Gefühl, das voll Liebe und Güte ist.

Das Empfinden der Dankbarkeit beginnt mit der Lebenseinstellung jedes Einzelnen. Denn unsere Weltanschauung und unsere Grundüberzeugungen bestimmen, wie wir die Menschen und die Welt sehen und was wir im Leben als wichtig und wertvoll erachten. Es ist eben die Wertschätzung, die das Gefühl der Dankbarkeit hervorruft.

Nicht ohne Einfluss auf das Empfinden von Dankbarkeit ist aber auch unsere Einstellung uns selbst gegenüber. Probleme damit haben genauso Menschen, die überzeugt sind, es nicht verdient zu haben, etwas zu bekommen, wie diejenigen, die alles als Erfüllung ihrer gerechten Ansprüche betrachten.

Dankbarkeit und die fehlende Selbstliebe

„Es ist nichts Erleuchtetes daran, sich kleiner zu machen."
(Dalai Lama)

Menschen mit zu wenig Selbstbewusstsein haben oft das Gefühl, die Gaben, die ihnen das Leben entgegen bringt, nicht zu verdienen, weil sie Schwierigkeiten haben sich selbst anzunehmen. Mit ihrer vermeintlichen Minderwertigkeit und Untauglichkeit beschäftigt, können sie sich an dem Leben nicht erfreuen und somit auch nicht dankbar sein.

Weil ihnen die Liebe zu sich selbst fehlt, können sie dem Leben nicht mit Liebe begegnen. Erst dann, wenn sie ihr eigenes Selbstbild ändern, sich wertvoll und liebenswert finden, sich annehmen und lieben, werden sie auch die Gaben der anderen, wie die des Lebens, annehmen können und die Dankbarkeit im Herzen finden.

Anspruchsdenken und die Dankbarkeit

„Der Anspruch, vom anderen permanent umsorgt zu werden, ist der Anspruch eines Kindes." (Thomas Schäfer)

Viele Menschen glauben, Ansprüche zu haben und pochen auf deren Erfüllung. Wird ihren Forderungen nachgegangen, nehmen sie es keineswegs als Grund für Dankbarkeit wahr, sondern lediglich als Erfüllung dessen, was ihnen ihrer Meinung nach gebührt. Diese Einstellung resultiert aus dem heutzutage weit verbreitetem Anspruchsdenken: In einer Welt, die sehr auf Individualität und Unabhängigkeit bedacht ist, frönen nicht nur Einzelne der Ich-Bezogenheit. Sie verfallen dabei der naiven Vorstellung, ihnen stünde jede Art der Fürsorge und der Unterstützung ihrer Umwelt zu. Folglich nehmen sie alles, was sie bekommen, als selbstverständlich wahr.

Der Undank ist jedoch kein Zeichen der Moderne. Schon der Talmud findet die Undankbarkeit schlimmer als einen Diebstahl. Die Bibel erzählt von zehn Geheilten, von denen nur einer zu Jesu Füßen niederfiel, um ihm zu danken (vgl. Lukas 17, 11-19). In etlichen Sprichwörtern spiegelt der Volksmund die Enttäuschung vieler Menschen, deren Bemühungen nicht gewürdigt wurden: „Undank ist der Väter Lohn" kling eher resigniert, im Gegensatz zu dem deutlichen Groll in den beiden Sprichworten: „Wenn die Sau satt ist, stößt sie den Trog um" oder „Lieber ein dankbarer Hund als ein undankbarer Mensch". Schon etliche Jahre vor Christi Geburt riet Cicero, der römische Redner und Schriftsteller: „Willst du Dankbarkeit, kauf dir einen Hund."
Undank trifft die Menschen tief in ihrem Innersten, denn er kündet von fehlender Liebe. (Sogar das Gesetz hat sich mit dem Undank beschäftigt: Bei grobem Undank hat der Schenkende ein Recht auf die Rückforderung seiner Schenkung.)

Menschen, die nur nehmen und nicht (zurück) geben, sich bedanken, beuten ohne Bedenken die anderen aus, ob materiell oder emotional. Viele werden dabei unersättlich. Und es betrifft nicht nur die Nächsten und die Gesellschaft, sondern auch die Umwelt – die Natur. Die enge Sicht gründet jedoch nicht nur in der Ich-Bezogenheit, sondern auch in der Wirklichkeitsauffassung. Und die hängt dicht zusammen mit der Wahrnehmung.

Das Empfinden von Dankbarkeit fängt bei unserer Wahrnehmung an

„Mit offenen Augen und dennoch blind." (afrikanisches Sprichwort)
„Den wahren Geschmack des Wassers erkennt man in der Wüste." (Sprichwort aus Israel)

Es ist nicht die Gabe selbst, sondern die Wertschätzung der Gabe, die bestimmt, ob wir Dankbarkeit empfinden. Der Alltag vergisst jedoch gerade das wertzuschätzen, was unermüdlich jeden Tag gegeben wird. Denn im Unterschied zu allem Neuen und Ungewohnten, das unsere Aufmerksamkeit weckt, bewirkt das Tagtägliche, das Gewohnte, „ein Zurücknehmen der Achtsamkeit" (vgl. Jordan 2004, S.126) – und wird somit nicht einmal wahrgenommen. Sofern wir es nicht wahrnehmen, werden wir es nicht zu schätzen wissen – selbst wenn jemand aus tiefster Liebe etwas für uns tut. Denn unsere Wertschätzung ist unmittelbar von unserer Wahrnehmung abhängig.

Die Wertschätzung geht dabei seltsame Wege: Wir wissen all das nicht zu schätzen, was wir ohne unseres Zutun, ohne jede Anstrengung und dazu noch im Überfluss bekommen, sollte es auch für uns wesentlich und von besonderer Güte sein. Wir nehmen es als gegeben, als selbstverständlich wahr oder übersehen es restlos.

Das Wissen um die Art, wie unsere Wahrnehmung funktioniert, macht uns bewusst, warum wir nicht alles wertschätzen, was wir von Leben bekommen: die Gaben unserer Nächsten und der Natur gleichermaßen.

Teil II

Dem Dankbarkeitsempfinden auf der Spur

„Das Leben ist immer größer, als man vermutet."
(Wolfgang Held)

1. Die Wahrnehmung

„Das, was wir als Wirklichkeit sehen, ist abhängig von der Art, wie wir wahrnehmen." (Harald Jordan)

Wahrnehmen bedeutet, unserer Umwelt gewahr zu werden, sie zu erkennen und zu erspüren. Es wird gewöhnlich zwischen der inneren und äußeren Wahrnehmung unterschieden. Die innere Wahrnehmung konzentriert sich auf unseren Körper und unsere Gefühle. Mit äußerer Wahrnehmung ist die Umweltwahrnehmung gemeint, also unsere Eindrücke von Mitmenschen, der Natur und all den Dingen, die uns im Leben begleiten. Psychologen unterscheiden zudem die Selbstwahrnehmung, also unsere Erkenntnisse über uns selbst, von den Beobachtungen und Empfindungen anderer uns betreffend und bezeichnen sie als Fremdwahrnehmung.

Wie funktioniert unsere Wahrnehmung

„Wahrnehmen ist kein objektives, passives Registrieren, sondern ein aktiver, schöpferischer Akt." (Pim van Lommel)

Unsere Wahrnehmung geschieht mithilfe unserer Sinne: Über unsere Sinnesorgane werden die unterschiedlichsten Reize* aus der Umwelt aufgenommen, in Bruchteilen von Sekunden in Nervenimpulse umgewandelt und über das Nervensystem

---

* Von den Rezeptoren unserer Sinnesorgane werden die Reize als elektromagnetische Wellen (Lichtwellen) und Schalwellen aufgenommen. (Aus der Sicht der Quantenphysik gibt es da draußen, wie der Elementarteilchenphysiker Hans Peter Dürr formuliert hat „nur eine Art Schwingung" [Dürr 2010, S. 62].)

weitergeleitet. Das ist die neuronale Ebene. Im Gehirn, auf der kognitiven* Ebene, werden sie anschließend von unserem Bewusstsein gefiltert und interpretiert, also zu inneren Bildern (Wahrnehmungsbildern) verarbeitet.

Neben den allbekannten fünf Sinnen: Sehen, Hören, Riechen, Schmecken und Fühlen (Tastsinn) werden heutzutage meist auch Gleichgewichts-, Temperatur-, Magnet- und Zeitsinn dazu gezählt. Obwohl das größte Sinnesorgan die Haut ist, gilt als der wichtigste Sinn das Sehen. Und das nicht nur, weil wir mit den Augen rund 80 Prozent aller Sinneseindrucke wahrnehmen, sondern weil wir für gewöhnlich davon ausgehen, dass beim Sehen die Umwelt exakt *wie sie ist* erfasst werden kann.

Unsere Wahrnehmung ist selektiv

„Was wir wahrnehmen können, ist nur ein Ausschnitt unserer Umwelt." *(Denkspruch)*
„Jetzt erkenne ich stückweise." *(Bibel 1. Kor. 13.11)*

Unsere Wahrnehmung ist nicht allumfassend. Dank unseren Sinnen können wir von der Umwelt viele, aber nicht alle Reize erfassen, da unsere Sinnesorgane dafür nicht ausgestattet sind. Es sind die sogenannten Reizschwellen, die bei jedem Lebewesen anders sind. Wir können eben nicht das ganze Spektrum der Umweltreize aufnehmen: So können wir weder UV-Licht (wie Bienen, Greifvögel und manche Fische) noch Infrarot (wie einige Schlangen) sehen, ebenso wenig

---

* Kognition – dem Duden zufolge ist das „die Gesamtheit aller Prozesse, die mit dem Wahrnehmen und Erkennen zusammenhängen", also Wahrnehmen, Erkennen, Urteilen und Denken.

einen Ultraschall* (wie Fledermäuse) sowie Infraschall** (wie Elefanten und Tiger) hören. Wir können nicht so gut (breit) riechen wie Katzen und Hunde. Wo die Katze über 60-100 Millionen und der Hund über 80-220 Millionen Riechzellen verfügen, muss sich der Mensch mit nur 2-10 Millionen begnügen. Unser Frequenzbereich bei Lichtwellen liegt nur im Spektrum von 380-680 Nanometer und bei den Schallwellen zwischen 20-20000 Herz. Wir verfügen nicht über den Ortssinn der Katzen und Hunden, der ihnen auch über eine große Entfernung zurück nach Hause finden hilft, und auch den Magnetsinn*** kennen wir nur aus der Vogelkunde (Zugvögel orientieren sich während ihrer jährlichen Wanderungen am Magnetfeld der Erde). Der elektrische Sinn, über den viele Fische und Amphibien verfügen, ist vielen Menschen nicht mal geläufig.

Unsere Wahrnehmung ist nicht nur (von Natur aus) begrenzt,**** sondern auch hoch selektiv. Das heißt: All die Reize, die von unseren Sinnen wahrgenommen werden, werden zuerst gefiltert und

---

* Ultraschall ist ein Schall oberhalb des menschlichen Hörvermögens mit Frequenz von mehr als 20000 Herz.
** Infraschall ist ein Schall unterhalb des menschlichen Hörvermögens mit Frequenz unter 16 Herz. Dauerbeschallung mit Infraschall belastet das menschliche Nervensystem und kann zu Angstzuständen, Ermüdung und Verminderung der Konzentrationsfähigkeit führen. Zu natürlichen Quellen von Infraschall gehören Erdbeben, Vulkanausbrüche und der Fallwind (Föhn), zu den von Menschenhand verursachten Infraschallquellen gehören u. a. Windkraftanlagen.
*** Vgl.: Zugvögel nutzen „Magnetsinn" unter: www.welt.de/print-welt/article2361/35/ Zugvoegel-nutzen-Magnetsinn.html
**** Dass unsere Sicht begrenzt ist, ist den Menschen schon lange bewusst. Bereits am Anfang des 16. Jh. malte Hieronymus Bosch jemanden, der auf eine Ratte (ein Symbol für einen kleinen Ausschnitt der Wirklichkeit) am Ende eines Zylinders schaut, von dem Rest der Wirklichkeit gänzlich ausgesperrt (vgl. Hieronymus Bosch: Der Garten der Lüste).

sortiert, bevor sie weitergeleitet werden. Die Selektion wirkt wie ein Sieb, durch welches nur bestimmte Informationen durchgelassen werden, nämlich die, die für uns eine Bedeutung haben. Der Rest wird aussortiert und verworfen.

Wie das funktioniert, zeigen sehr anschaulich verschiedene Experimente der psychologischen Forschung, von denen das Bekannteste das sogenannte „Gorilla-Experiment" ist: Wenn man Menschen bei einem Ballspiel dazu auffordert, zu zählen, wie oft der Ball die Spieler wechselt, übersehen sie (meistenteils) den „Gorilla", der über die Szene wandert. Da ihre Aufmerksamkeit voll auf das Zählen ausgerichtet ist, wird der „Gorilla" einfach nicht wahrgenommen. Unsere Wahrnehmung folgt nämlich unserer Aufmerksamkeit.

Unsere Wahrnehmung ist höchst subjektiv

„Menschen nehmen die Dinge unterschiedlich wahr." (Rainer Guski)
„Ein Verliebter betrachtet eine Blume anders als ein Kamel." (afrikanisches Sprichwort)

Die meisten Menschen sind davon überzeugt, dass unsere Wahrnehmung der Wirklichkeit objektiv und somit eine direkte, eine Eins-zu-eins-Wiedergabe ist, also ein Abbild unserer Umwelt. In Wirklichkeit ist unsere Wahrnehmung jedoch höchst subjektiv, da sie durch unser Bewusstsein gefiltert und interpretiert wird. Und da sie, wie oben schon erwähnt, unserer Aufmerksamkeit folgt, hängt die Art und Weise, wie wir die Welt wahrnehmen von unseren Grundüberzeugungen, also unseren Ansichten und Wertvorstellungen, wie von unseren Erwartungen, Emotionen und

Erfahrungen ab. Es sind unsere individuellen Wahrnehmungsfilter, unsere „Brille", durch die wir die Welt betrachten.

Wahrnehmungsfilter

„Wir sehen die Dinge nicht, wie sie sind, (sondern) wie wir sind."(Anais Nin)

Unsere Wahrnehmung ist in erster Linie ein großer Auswahl-
prozess. Welche der Reize und Informationen, denen wir
ständig ausgesetzt sind, weitergeleitet und welche aussortiert
werden, hängt von unseren individuellen Wahrnehmungs-
filtern ab. Sie bestimmen auch, wie all die Reize interpretiert
werden.

Die wichtigsten der Wahrnehmungsfilter sind unsere
Grundüberzeugungen. Unsere Ansichten und Wertvorstellungen sind das Fundament, auf dem wir unsere
Wahrnehmung bauen. Aber auch unsere Erwartungen, Erfahrungen, Interessen, Emotionen und Befindlichkeiten
beeinflussen stark die Art, wie wir unsere Umwelt wahrnehmen.

Wie wir die Welt sehen und wie wir sie deuten, wird allem
voran von dem Weltbild unseres Kulturkreises* bestimmt,
also von der Weltsicht, in die wir hineingeboren werden. Wir
alle werden nämlich nicht nur in eine Familie und eine Gesellschaft, sondern auch in ein Weltbild hineingeboren, das
heißt, in eine „Art und Weise, die Welt zu sehen und zu inter-
pretieren" (vgl. Harsieber 1989, S. 11).

---

* Kulturkreis ist nach dem Duden ein durch ähnliche Wertvorstellungen,
soziale Normen, Sitten und Gebräuche charakterisierter Bereich, z. B. der
europäische Kulturkreis.

Dementsprechend betrachtet ein Indio im Amazonasgebiet die Welt mit anderen Augen als ein aufgeklärter, „zivilisierter" Mensch der westlichen Hemisphäre. Wo der Erstere seine Umwelt als beseelt erlebt und sich, als ein Teil dessen wähnt, nimmt der Zweite die Natur nicht nur als von ihm gänzlich getrennt wahr, sondern auch unzweifelhaft ohne jedes Bewusstsein, da er an ein rationales, analytisches* und nicht ganzheitliches (siehe S. 47) oder gar magisches** Denken gewohnt ist.

Unsere Grundüberzeugungen prägen unsere Erwartungen, die wiederum unsere Wahrnehmung beeinflussen, indem sie einerseits unsere Aufmerksamkeit lenken (also steuern, welche Informationen wir wahrnehmen), andererseits bestimmen, wie die Informationen interpretiert werden. Was bedeutet, dass wir unsere Umwelt so wahrnehmen, wie wir es erwarten.

Vieles werden wir ohnehin erst gewahr, wenn es unser Interesse weckt, denn, wie bereits erwähnt, unsere Wahrnehmung folgt der Aufmerksamkeit. Kluge Pädagogen wissen es zu nutzen, und versuchen ihre Schüler für den Stoff zu begeistern,*** anstatt sie unter Druck zu setzen. Mit einem

---

* Die analytische Methode besteht darin, „Gedanken und Probleme" in ihre Einzelbestandteile zu zerlegen, sie dann zu untersuchen und „in ihrer logischen Ordnung aufzureihen" (vgl. Capra 1985, S.58; Vester 1988, S. 484).
** Magisches Denken wird hier nicht im herkömmlichen Sinne von Aberglaube oder im psychologischen Sinne von Zwangsgedanken benutzt, sondern im animistischen Sinne. So verstandenes magisches Denken kennt die unterscheidende Welt nicht: Was das rationale Denken als grundlegend verschieden wahrnimmt, offenbart sich dem magischen Denken als eine Einheit: So gehören zu dem magischen Weltbild nicht nur die beseelte Natur, sondern auch Träume, Märchen und Mythen.
*** Bei Antoine de Saint-Exupéry heißt es: „Denn ein Schiff erschaffen, heißt nicht die Segel hissen, die Nägel schmieden, die Sterne lesen, sondern die Freude am Meer wachrufen." (de Saint-Exupéry, 1969, S. 308)

nicht so frommen Ziel vor den Augen bedienen sich dessen auch die Medien. Die Redakteure wissen genau, dass vor allem die Artikel schnell gelesen werden, die reißerisch genug sind, und dass eine schrille Werbung mehr Erfolg verspricht. Es ist eben das Neue, das unsere Aufmerksamkeit auf sich zieht. Es wartet auf seine Entdeckung und weckt somit unser Interesse, dem wir (mit dem sogenannten Neublick) aufmerksam und konzentriert folgen.

Großen Einfluss auf unsere Wahrnehmung haben auch unsere Emotionen und Befindlichkeiten: Jemand, der gerade wütend und aufgebracht ist, nimmt die Umwelt ganz anders wahr, als derjenige, der sich glücklich und zufrieden fühlt. Der Erste sieht hauptsächlich, was seinen Jähzorn bestätigt. So bebt und kocht er vor blinder Wut, bis er platzt und sich in emotional aufgeladenen Tiraden entlädt. Der Zweite hingegen könnte jeden umarmen, da er die Welt durch eine rosa Brille sieht, und jeder Mensch sein Freund ist. Nicht umsonst sagt man eben, dass Emotionen den klaren Blick trüben. Auch ein vor Gesundheit strotzender Mensch nimmt seine Umwelt in all seiner Pracht wahr, aber schon eine kleine Migräne lässt die Farben deutlich verblassen.

Wie die Informationen unserer Umwelt von uns wahrgenommen werden, liegt auch an dem Kontext, weil der jeweilige Kontext stark unsere Interpretation bestimmt. Relativ schnell ist diese Abhängigkeit in der Sprache festzustellen, denn die Worte „je nach dem Zusammenhang in dem auftreten, ihren Sinn ändern" (Weischedel 1975, S. 298). So bedeutet ein Schloss mal eine Vorrichtung, die dem Verschließen von Türen u. a. dient, mal einen hinteren Verschluss des Laufes bei Handfeuerwaffen, mal ein repräsentatives Gebäude. (Wogegen ein Schloss im Mond kein Gebäude sondern einen unerfüllbaren Traum meint.) Hinter Schloss und Riegel sitzen, heißt lange Zeit eingesperrt zu sein, ins Schloss fallen dagegen nur das Zufallen der Tür bedeutet, was beim Aussperren zwar (mal) einige Zeit und Geld kosten kann, mit der Gefängnisstrafe aber nicht mal annährend zu vergleichen ist.

Kurz gesagt: Wir nehmen unsere Welt nicht gleich wahr. Jeder von uns interpretiert sie individuell und somit muss unsere Sicht nicht zwingend mit der Sicht anderer Menschen übereinstimmen. Denn, wie ein buddhistischer Mönch mal gesagt hatte: „Jeder trägt seine eigene, ganz persönliche Welt in sich selbst" (Kodo Sawaki, zit. nach Dingemann 2007, S. 147).

1.1. Die Wahrnehmung von Menschen

„Jeder sieht in dem anderen nur das, was er selbst auch ist."
(Arthur Schopenhauer)

Auch Menschen, denen wir im Leben begegnen, nehmen wir durch unsere individuellen Filter, unsere persönliche „Brille", wahr. Und so wie die Wahrnehmung der Welt, ist auch die Wahrnehmung von Menschen selektiv und subjektiv. Weil sie gleichermaßen abhängig ist von unseren individuellen Überzeugungen, Erfahrungen, Erwartungen und Emotionen.

Das bedeutet: Was wir von unseren Lebenspartnern, Kindern, Eltern und Freunden wahrnehmen, ist kein Eins-zu-eins-Bild eines jeden Individuums, sondern ein *Bild*, das wir uns von den anderen machen, zudem ein sehr subjektives.* Denn alles, was wir im Leben für wichtig halten, welche Vorstellungen, Werte und Prinzipien unsere Weltsicht prägen, welche Erfahrungen wir in Bezug auf Menschen bis dahin gemacht haben, und sogar in welcher emotionalen Verfassung wir uns gerade befinden –, all das bestimmt, wie wir den anderen wahrnehmen.

Für gewöhnlich machen wir uns ein Bild von dem anderen und sehen dann nur das, was wir erwarten und was wir sehen wollen. Das geschieht, weil die Bilder Wahrnehmungsgrenzen bewirken: Wir nehmen dann entweder nur das wahr, was unser Bild bestätigt oder verschließen uns jeder Wahrnehmung. Die Bilder, die wir uns von

---

* Die meisten Menschen schließen schon vom Äußeren einer Person auf ihre Charaktereigenschaften, was die Psychologen Halo-Effekt nennen. Der Halo-Effekt liegt den Vorurteilen und Klischees zugrunde.

anderen machen, wirken auf unser Denken, Fühlen und Handeln, und weil sie oft dramatisiert werden, gemäß unserer emotionalen Lage, „erscheint" uns der andere entweder als äußerst nett oder unglaublich eingebildet und total arrogant. (Das negativ aufgeladene Bild entsteht häufig, wenn uns jemand verunsichert.) Und das alles, obwohl die Bilder nichts anderes sind als unsere Vorstellungen, Vorstellungen, die wir nach außen projizieren und somit unser Bild mit dem realen Menschen verwechseln (vgl. Pennington 2007).

So bewahrheitet sich die über hundert Jahre alte Aussage von dem Dichter Christian Friedrich Hebbel, dass jeder Mensch vor unseren Augen etwas anderes wird, als er eigentlich ist (vgl. Hebbel 1905, S. 198).

Die Wahrnehmung von Menschen und die Erwartungen

„Wir neigen dazu, das zu sehen, was wir erwarten." (David Cohen)

Da die Erwartungen unsere Aufmerksamkeit lenken, nehmen wir in erster Linie das wahr, was wir erwarten, denn, wie schon oben im Text bemerkt, unsere Wahrnehmung folgt der Aufmerksamkeit. Alles Übrige lassen wir unbeachtet. Das heißt: Unsere Erwartungen bestimmen unsere Wahrnehmung. Sehr anschaulich bringt es ein altes Zen-Sprichwort auf den Punkt: „Wenn ein Taschendieb den Buddha auf der Straße trifft, sieht er nur seine Tasche". Auch das Sprichwort: „Für einen Hammer sieht alles wie ein Nagel aus", bestätigt diese Ansicht.

Die meisten Erwartungen verbinden wir mit Geschlecht und Alter. Dabei werden bei älteren Menschen überwiegend die negativen Eigenschaften erwartet,* die man mit Alter assoziiert. Allerdings ist es auch nicht selten, dass die Älteren ihrerseits die Jüngeren durch den Schleier ihrer Erwartungen sehen. Beide Erwartungen engen unsere Wahrnehmung ein.

Viele sehen in dem anderen zuerst den Menschen, erst dann die Frau oder den Mann. Aber auch heute finden sich nicht Wenige, die eigens die Hausfrau bzw. den "Erhalter und Ernährer" (Gleichberechtigungsgesetz 1957. Zit. nach Pinl) zur Kenntnis nehmen, da sie an einem patriarchalischen Bild der Familie hängen und somit im starren Rollenverständnis gefangen sind. Sie sehen, was sie erwarten, die anderen Seiten der jeweiligen Person bleiben ihnen verborgen.

Auch die Wahrnehmung der Kinder bleibt für gewöhnlich von Erwartungen nicht verschont. Es sind die Erwartungen der Eltern (und der Lehrer), die ihre (Schul)Kinder in erster Linie als Schüler wahrnehmen lassen. Das Kind, vor allem seine tiefer liegenden Wesenszüge, bleiben dann auf der Strecke. Dahinter steht die Überzeugung, dass nur Kinder, die gute Noten haben, im Leben Erfolg haben können. Und gerade Erfolg ist für die Meisten das Hauptziel des Lebens. Da es allgemein gilt: Je angesehener die Position, desto wertvoller, "größer" der Mensch.

Im Gegensatz dazu steht die Vorstellung von dem eigenen Lebensweg, der bei jedem Menschen unverwechselbar ist und der Entwicklung und Reifung des Menschen dient. Solche Überzeugung hilft den Eltern, ihre Kinder in deren Ganzheit

---

* Ob es eine eher negative (gar abwertende) oder positive Sicht des Alters vorherrscht, ist weitgehend von dem Kulturkreis abhängig. In Asien z. B. wird generell den Alten eine höhere Wertschätzung entgegengebracht als in Ländern des Westens. (Siehe: „Altersbilder in anderen Kulturen", unter: www.boshstiftung.de/content/language1/dowland/Gesamtt_AltersbilderKulturen_2310.pdf)

wahrzunehmen und ihnen bei ihrer Entfaltung beizustehen. Den Leitgedanken, der dahinter steckt, kann man am besten mit den Worten eines buddhistischen Mönches aus Thailand ausdrücken: „Wer seinen eigenen Weg geht, dem wachsen Flügel".

Interessant, und das nicht nur für die Lehrer, ist der sogenannte Rosenthaleffekt (der Erwartungseffekt): Eine Serie Experimente von den Psychologen Robert Rosenthal und Leonore F. Jacobson ergaben, dass die Erwartungen der Lehrer (messbaren) Einfluss auf die Leistungen der Schüler haben, vor allem der jüngeren. Nach dem Kommunikationsforscher Paul Watzlawick ist es ein Beispiel indirekter, averbaler Kommunikation (vgl. Watzlawick 1976, S. 47-48).

Es ist eher selten, dass Menschen keine Erwartungen den anderen gegenüber haben. Viele haben ein vorgefertigtes Bild wie ein Lebenspartner auszusehen hat, das Kind sich benehmen soll, die Eltern zu sein haben. Es bleibt selten unversucht, das Bild dem anderen überzustülpen, ihn so zu „erziehen", dass er der Vorstellung entspricht, sodass wir uns an ihm erfreuen, auf ihn stolz sein können. Um so reifer jedoch der Mensch, umso schneller lässt er den anderen so sein, wie er ist.

Bei den Erwartungen gegenüber unseren Mitmenschen merken wir kaum, wie schnell wir nicht nur zu Stereotypen greifen, sondern oft genug sogar bei den Vorurteilen landen.

Stereotype und stereotypes Denken

„Die Leute lieben nichts mehr als eine vorgefertigte Beschreibung, die sie einem Mann anhängen und sich damit alle Zukunft jegliche Mühe sparen können." (W. Sommerset Maugham)

Stereotype sind auf ein paar Merkmale reduzierte, stark verallgemeinernde Meinungen, auf die wir fast unbewusst zurückgreifen, um die komplexe Welt um uns herum einfacher und schneller erfassen zu können. So denken wir z. B. an Frankreich als ein Land der Genießer mit Unmengen an Käsesorten, gutem Rotwein und den *fruits de mer*, die überall fangfrisch zu bekommen sind. Schottland hingegen erscheint uns als ein Land der bunten Männerröcke, Dudelsackmusik, grünen Hügeln und alten Gemäuern, die an jeder Ecke zu finden sind.

Auch unsere Erwartungen bedienen sich gerne der Stereotypen. Es ist eben viel einfacher, die Leute schnell in eine „Schublade" zu stecken, nach Hautfarbe, Nationalität, Geschlecht, Beruf und Alter sortiert, als in ihnen den Menschen mit individuellen Eigenschaften zu suchen. Dennoch sind wir überzeugt, über die Menschen schon vieles zu wissen, obwohl wir sie auf ein paar Merkmale reduzieren.

Die Palette der landläufigen Stereotypen ist sehr breit und reicht von dominanten Machos, lahmen Weicheiern und den ewigen Losern sowie pingeligen Hausfrauen, unberechenbaren Zicken und rücksichtslosen Karrierefrauen bis zu den sprichwörtlich dummen Friesen, knickrigen Schotten und arroganten Franzosen. Die Alten, die alles im Nu vergessen und die minderbemittelten Blondinen nicht zu vergessen.

43

Zu dem verbreitetsten stereotypen Denken gehört es „die Welt nach Männern und Frauen einzuteilen". Dabei gelten die Männer als stark, sachlich, analytisch, zielstrebig und selbstbewusst, die Frauen dagegen als schwach, gefühlsbetont, sanft, intuitiv und emotional. Es ist so ein eingefahrenes Denkmuster, dass es selten einer nicht für selbstverständlich hält. (Nicht umsonst gehören: „typisch Mann" wie „typisch Frau" zu dem Alltagsvokabular.) Unterdessen vergessen wir es gänzlich, dass jeder von uns zuallererst ein Mensch ist, einzigartig in seiner Individualität, seinen Neigungen und Begabungen. Und jeder von uns in sich genauso die weiblichen wie männlichen Aspekte trägt.

Bei alledem verlieren wir ganz aus den Augen, dass Stereotype eigentlich nur in unseren Köpfen existieren und nicht mehr als (stark verallgemeinernde) Vorstellungen sind. Bedienen wir uns der Stereotypen, erfahren wir von anderen ganz wenig bis gar nichts, verraten dagegen mehr von uns als uns lieb ist. Denn das sogenannte „Schubladendenken" fußt in einem starren, oft sehr vereinfachten Weltbild mit unreflektierten, häufig übernommenen oder anerzogenen Ansichten. Der Begriff Stereotyp, der aus dem Griechischen kommt, bedeutet auch „starres Muster".

Vorurteile

„Denken ist schwer, darum urteilen die meisten." (Carl Gustav Jung)
„Keine Kultur ist wichtiger als eine andere. Zu unterstellen, dass dies anders sei, hieße den Schöpfer zu kritisieren." (Rangimarie Pere, Maori-Dichterin)

Im Unterschied zu Stereotypen, die Vereinfachung und Verallgemeinerung bezwecken, werden Vorurteile schnell emotional und erheben sich gerne über die anderen. Da wo das Stereotyp mit „typisch Mann" sich zufriedengibt, wird das Vorurteil schon mal gehässig und zieht mit: „Alle Männer sind Schweine" zu Felde. Dem Psychologen Gordon W. Allport nach, bedeuten Vorurteile nichts anderes als: „von anderen ohne Begründung schlecht (zu) denken" (Allport 1971, S. 23).

Vorurteile richten sich gegen all die, die anders sind: anders aussehen, anders denken, womöglich anders fühlen. Denn sie verstoßen gegen die vorherrschenden Vorstellungen, gegen „das Normale". Es reichen schon mal solche Kleinigkeiten wie ungewöhnliche Frisur (z. B. Rasterlocken) oder Kleidung (wie einst die Miniröcke), um die Gemüter zu erhitzen. „Den weißen Hirsch", heißt es im Volksmund, „hetzen die Hunde".

Vorurteile entstehen besonders schnell, wenn man in Gegensätzen („wir und die") denkt. Sie zeugen von einer sehr verengten Sicht der Welt und Unwissenheit. Um sie abzubauen, hilft es über den Tellerrand zu schauen und offen der Welt und den Menschen gegenüberzutreten, die Perspektive zu wechseln. (Vgl. Bergmann, 2001)

1.2. Die Welt der alltäglichen Wahrnehmung

Die alltägliche Wahrnehmung

„Verschiedene Menschen haben verschiedene Meinungen." (Hesiod)
„Ein Wunder, so weit man schauen kann: die allgegenwärtige Welt." (Wisława Szymborska)

Die meisten von uns gehen für gewöhnlich davon aus, dass unser Wahrnehmungsbild der Welt allgemeingültig ist. Demzufolge erwarten wir von anderen, dass sie die Welt genauso definieren wie wir. Im gewissen Grade teilen wir tatsächlich unsere Sicht mit anderen, im kleinen (Familie) wie im großen (Kulturerdteil*) Rahmen. Es geschieht, weil unsere subjektiven Wahrnehmungsfilter, wie zuvor erwähnt, von den Grundüberzeugungen, Ansichten und Wertevorstellungen unseres Kulturraums geprägt werden. Das hat zur Folge, dass die Weltanschauungen von Menschen verschiedener Kulturkreise sich oft erheblich voneinander unterscheiden, da ihre Wahrnehmung aus einer anderen Perspektive heraus geschieht. Somit ist es ganz selbstverständlich, dass es nicht die eine, sondern viele verschiedene Auffassungen der komplexen Welt gibt.

---

* Kulturerdteil – Das Konzept stammt von Albert Kolb (1962). Der Wikipedia nach ist es eine Region von individueller Identität, die auf „dem individuellen Ursprung der Kultur" (www.wirschaftslexikon.galder.de) basiert. Als Kulturerdteile gelten: Europa, Orient, Schwarzafrika (südlich der Sahara), Ostasien, Südasien & Südostasien, Australien & Ozeanien, Nordamerika, Lateinamerika, Russland.

Auch Ansichten in Rahmen eines Kulturkreises können sich gravierend unterscheiden, z. B. die Weltsicht eines aufgeschlossenen, offenen Menschen, der gerne Fragen stellt und nach Zusammenhängen sucht, sowie eines Menschen, der auf den festgesetzten Regeln und Traditionen beharrt, da er feste Grenzen braucht, die ihm Halt geben; oder eines nur am Profit interessierten Technokraten und eines sich um ökologische Nachhaltigkeit bemühenden Naturschützers. Und jeder weiß, dass selbst die Weltanschauung in einer Familie nicht zwangsläufig einheitlich sein muss. Man denke nur an die Eltern und deren pubertierende Kinder.

Gleich welche Lebensanschauung wir haben, merken wir (üblicherweise) nicht, dass wir die Welt weitgehend so wahrnehmen, wie es uns geschildert wird, vor allem von den Medien. Es kommt daher, dass wir grundsätzlich mehr Glauben den Gedanken und Überlegungen anderer Menschen schenken als den eigenen. Viele übernehmen deswegen nur allzu gerne die verallgemeinernde Darstellung der „TV-Perspektive" oder lassen sich ohne zu überlegen durch reißerische Zeitungsartikel eine (fremde) Meinung überstülpen. (Viele verwechseln sogar die Fernsehwelt der negativen Nachrichten mit der Realität und halten demnach die Welt, in der wir leben, für einen sehr problematischen, gefahrvollen Ort.)

Welche Mitteilungen wir aus den Unmengen von Daten, die uns jeden Tag überschwemmen, wahrnehmen und welche verwerfen, hängt auch hier von unseren Überzeugungen, also von unseren Ansichten, unserem Wertsystem und unseren Erwartungen ab. So werden die Informationen, die wir von anderen bekommen (Gespräche, Fernsehen, Zeitungen, Radio, Bücher), durch unser Bewusstsein sortiert. Dabei „behalten (wir) gewöhnlich nur das, was unsere Vorstellungen stützt, während wir die Fälle, die unser Gedankengebäude zu untergraben drohen, übersehen oder vergessen oder vielleicht nicht mal wahrnehmen" (Dewdney 1993, S.18).

Allerdings stehen wir uns bei bewusster Wahrnehmung unserer Umwelt für gewöhnlich selbst im Wege. Wir sind entweder „nicht da" (im Sinne mit den Gedanken ganz woanders) oder betrachten Vieles als so selbstverständlich, dass wir es nicht mehr wahrnehmen – wir schauen und sehen es nicht. Es ist die bewusste Aufmerksamkeit, die dann fehlt. Und sie fehlt, weil wir uns eher selten ganz in der Gegenwart befinden: Die meiste Zeit sind wir entweder mit der Vergangenheit oder mit der Zukunft beschäftigt. Aber sogar dann, wenn wir uns im Hier und Jetzt befinden, werden wir nicht aller Dinge gewahr. Denn, bekommen wir längere Zeit immer wieder dieselben Reize und Informationen, nehmen wir sie nicht mehr bewusst wahr. Es ist die Gewöhnung, die unsere Aufmerksamkeit schleifen lässt.

Die Wahrnehmung und die Macht der Gewohnheit

„Die Gewohnheit ist ein Seil. Wir weben jeden Tag einen Faden, und schließlich können wir es nicht mehr zerreißen." (Thomas Mann)

Unsere Wahrnehmung folgt der Aufmerksamkeit und aufmerksam werden wir vor allem dann, wenn uns etwas interessiert. Allerdings, was unser Interesse und somit auch unsere Aufmerksamkeit weckt, ist in erster Linie das Neue und nicht das Alltägliche, das uns längst bekannt ist. Deswegen übersehen wir auch Vieles von dem, was wir ständig um uns haben. Wir nehmen es nicht mehr wahr, weil wir in unserem gewohntem Blick gebunden sind. Es betrifft in gleichem Maße die Umgebung, die Natur wie auch die Menschen.

Im Alltag überlassen wir uns gerne der Routine, dem inneren „Autopiloten", der unser Bewusstsein von den vielen Details des Alltags entlastet. Wir tun das, weil wir, ohne ständig über jeden Schritt nachdenken zu müssen, schneller und sicherer sind (z. B. beim Autofahren). Gewinnt jedoch die Gewohntheit die Oberhand, verpassen wir womöglich mehr als uns gut tut. Denn dem gewohnten Blick entgehen schnell auch Dinge, die direkt mit unserem Leben zu tun haben.

Um dem alltäglichen, eingefahrenen Blick zu entgehen, bedarf es des Perspektivewechsels. Betrachten wir eine uns vertraute Umgebung oder eine Person mit dem Blick eines Fremden (der Neublick), nehmen wir sie ganz anders wahr; entdecken Seiten, die wir bis dahin nicht mal vermutet haben. Das Wissen darüber ist so alt wie die Welt. Schon die alten Griechen wussten, dass wir manche Dinge nur dann sehen „wenn wir das Meer überqueren, und nehmen sie nicht zur Kenntnis, wenn wir sie stets vor Augen haben" (Plinius, Epistulae 8.20,1). Auch die Bibel weist daraufhin, dass ein Prophet nirgends weniger gelte, „denn in seinem Vaterland und bei seinen Verwandten und in seinem Hause" (Markus: 6, 4).

2. Werten und Wertschätzen

Was verstehen wir unter dem Werten

„Nichts ist von Natur wertvoll oder wertlos; die Menschen machen es dazu." (Fritz Mauthner)

Der Definition nach bedeutet Werten, den Wert, die Bedeutung einer Sache zu erkennen. Aus diesem Grund wird alles gewertet, was uns das Leben entgegenbringt und für uns in irgendwelcher Weise relevant ist. Denn ohne einschätzen zu können, wie wichtig, weitreichend oder gar unverzichtbar etwas für uns ist, hätten wir in unserem Leben keine Entscheidung treffen können. Und wert ist dem Menschen alles, was für ihn nützlich ist, was er begehrt, sich wünscht und danach strebt, also alles, was er sein und haben will.

Jedes Werten ist jedoch relativ und sehr subjektiv, da es von unseren Grundüberzeugungen, Erfahrungen und oft genug Einflüssen anderer abhängig ist. Was also für den Einen gut ist, muss es nicht zwangläufig auch für den anderen gut und erfreulich sein. Was schon das alte Sprichwort: „Der Katzen Spiel ist der Mäuse Tod" erkannt hatte.

Aus psychologischer Sicht wird das Werten etwas umfassender verstanden, nämlich als die Fähigkeit zu empfinden und zu fühlen, die Empfindungen zu ordnen und so die eigenen Bedürfnisse wie seinen eigenen Wert zu erkennen, um Entscheidungen treffen zu können. Man versteht darunter die Urteilsfähigkeit einer Person.

Im alltäglichen Sprachgebrauch wird Werten für gewöhnlich im Sinne von negativ – positiv, gut – schlecht verstanden. Und in diesem Sinne werten wir alles und jeden. Die Ursache liegt in unserer dualen Weltvorstellung, die auf Gegensätzen aufgebaut ist. Das Werten entsteht erst in Bezug zu uns: Wir beginnen zu werten in dem Moment, in dem wir das, was wir wahrnehmen, auf uns beziehen. Dann wertet unser Bewusstsein alles als interessant oder langweilig, schön oder hässlich, richtig oder falsch, also entweder als gut oder schlecht. Die Natur wertet nicht.

In der Welt der Gegensätze –
Werten und das dualistische Denken

„Himmel und Erde wissen nicht, was gut ist und was böse. Nur die Menschen glauben, es zu wissen." (Ernst Schwarz)
„Der den Weg suchende Geist geht über die dualistische Vorstellung von gut und schlecht, richtig oder falsch hinaus." (Shunryu Suzuki)

Dualistisches Denken ist ein Denken in Gegensätzen. Nicht jedem ist es bewusst, dass gerade diese Art von Denken unseren Alltag und unsere Weltsicht bestimmt; denn das dualistische Denken ist uns so vertraut, dass wir es als das Denken überhaupt betrachten. Wir bekommen nämlich schon von Kindesbeinen die Welt als *dual* vermittelt: mit Himmel und Erde, Tag und Nacht, hier und da, hell und dunkel, Sonne und Schatten, vorne uns hinten, warm und kalt, weich und hart, nass und trocken. Wir erfahren Lob und Tadel, Freude und Trauer, Nähe und Distanz, Lärm und Stille, Geben und Nehmen, Belastung und Muße, Liebe und Hass. Die Religion erzählt uns von Schöpfer und Schöpfung, Diesseits und Jenseits, Gut und Böse; die Wissenschaft von Subjekt und Objekt, Geist und Materie, und jeder weiß von aufgeklärt und dumm.

Wir nehmen die Welt als dual wahr, um sie erfahren zu können. Wir können nämlich die Dinge nur in Relation zu anderen wahrnehmen. Wie eine alte japanische Weisheit es zum Ausdruck bringt: „Wer nicht ums Dunkel weiß, kann das Licht nicht entdecken." Dass „der menschliche Geist nur in Widersprüchen wahrnehmen kann", wie Fromm es formuliert hat (Fromm 1980, S. 88), wussten bereits die Veden, die ältesten heiligen Schriften der Hindus (etwa 1200 v. Chr.), und das wissen auch die modernen Neurowissenschaften.

Das dualistische Denken hilft uns einerseits die Welt zu erfahren, andererseits kann es uns auch leicht „von unserer wahren Natur abwenden" (vgl. Wilber 1984, S. 7, 13); weil das Denken in Gegensätzen uns überall die Grenzen ziehen lässt: Wir trennen, teilen und sondern ab*. Und das nicht nur den Schöpfer von der Schöpfung, den Geist von der Materie oder den Menschen von der Natur, sondern auch uns von den anderen. Somit schaffen wir uns eine Welt von Freunden und Feinden, von Guten und Bösen, von wertvoll und wertlos, von denen die bedeutsam und denen, die bedeutungslos sind. Es ist eine einfache schwarz-weiße, eine Entweder-oder-Welt, die uns andauernd zu werten zwingt.

Während wir in der westlichen Welt die Gegensätze für getrennt, widersprüchlich und einander ausschließend halten.

---

* Den Meisten ist dabei nicht bewusst, dass die Welt nur scheinbar getrennt ist, da die Trennung in Gegensatzpaare *nur in unserer Vorstellung* stattfindet. Die Natur kennt keine Gegensätze. Nur der Mensch zieht im Geiste eine Grenzlinie zwischen den Gegenteilen und betrachtet sie dann als real (vgl. Wilber 1984, S. 32 ff).

Betrachtet der Osten (hier: Taoismus) sie als zusammengehörend,* als zwei untrennbare Aspekte einer Ganzheit – zwei Pole, die sich einander ergänzen und bedingen: Denn der Tag bedarf einer Nacht, sowie das Wachsein den Schlaf. Ohne Berge gäbe es kein Tal und ohne Licht keinen Schatten; ohne unten hätten wir oben nicht, und ohne innen kein außen.

Die altchinesische Philosophie hält die Gegensätze für zwei wechselwirkende Urkräfte, deren dynamisches Zusammenspiel den (zyklischen) Wandel der Welt erzeugt (vgl. Capra 1980, S.110). „Wasser und Feuer ergänzen einander, Donner und Wind stören einander nicht, Berg und See stehen in Kraftwirkung miteinander: Nur so ist die Veränderung und Umgestaltung möglich und können alle Dinge vollendet werden", steht schon im I Ging** (I Ging, Schuo Gua, § 6) . Die beiden Ordnungsprinzipien werden Yin und Yang*** genannt. Yin ist alles, was „kontraktiv, empfangend und erhaltend", Yang dagegen „expansiv, aggressiv und fordernd" (vgl. Capra 1985, S. 32 ff). Yin ist die fallende Energie. Sie entspricht der Nacht, dem Mond und dem Winter sowie allem, was feucht und kühl ist. „In der Sprache der Shing-ching verbindet sich mit dem Wort *yin* der Gedanke an kaltes und trübes Wetter, an einen wolkenbedeckten

---

* Dabei findet man in der modernen Physik „eine Version von der Realität als Vereinigung des Gegensätzlichen. In der Relativitätstheorie sind die alten Gegensätze Ruhe und Bewegung völlig ununterscheidbar geworden, d. h. »jedes ist beides zugleich«. Ebenso verschwindet die Aufspaltung zwischen Welle und Teilchen, und der Gegensatz von Struktur und Funktion löst sich auf. Selbst die uralte Trennung von Masse und Energie ist Einsteins $E=mc^2$ zum Opfer gefallen, und diese ehemaligen »Gegensätze« werden heute als lediglich zwei Aspekte einer Realität angesehen" (Wilber, 1984, S. 39).
** I Ging – Das Buch der Wandlungen, eins der ältesten (3000 Jahre) Bücher der Welt, in dem, nach den Worten des Sinologen und ersten Übersetzer in die deutsche Sprache Richard Wilhelms, „die reifste Weisheit von Jahrtausenden verarbeitet ist" (zit. nach Capra 1980, S. 113).
*** „Die ursprüngliche Bedeutung der Worte Yin und Yang war die der schattigen und der sonnigen Seite eines Berges" (Capra 1980, S. 110).

Himmel" (Granet 1980, S. 88). Yang dagegen ist die aufsteigende Energie. Sie entspricht dem Tag, der Sonne und dem Sommer, wie auch allem Trockenen und Warmen. Man kann sie sich als „Erscheinung eines sich heftig bewegenden Tänzers" (Granet 1980, S. 88) vorstellen. Yin und Yang werden mit männlich und weiblich assoziiert, sind jedoch nicht maßgebend für die Geschlechter, da jeder Mensch beide Eigenschaften in sich trägt. Die beiden polaren Grundprinzipien sind gleichwertig, sie ergänzen und bedingen sich wechselseitig. Sie werden *nicht bewertet*.

Nach der fernöstlichen Weltanschauung sind die Gegensätze nichts anders als zwei Seiten desselben Phänomens, „verschiedene Seiten einer Wirklichkeit" (Bachmann 1997, S.165), ähnlich wie zwei Seiten einer Münze. Das Eine kann ohne das Andere nicht existieren. Aus der fernöstlichen Sicht kann man nicht einen der Aspekte behalten und den anderen bekämpfen, wie man das in der westlichen Welt versucht.* Das Einzige, was man kann, ist den Ausgleich zu suchen, um die Gegensatzpaare ins Gleichgewicht zu bringen.

---

* Wir spalten die Welt in Gut und Böse und versuchen ständig gegen das (aus unserer Sicht) Böse, das uns immer zu verfolgen und als Kummer, Krankheit, Krieg und Verderbnis überall zu lauern scheint, zu kämpfen. Wir wollen es auslöschen, da wir uns eine Welt ohne Leid und Gewalt wünschen (vgl. Wilber, 1984, S. 37). „Der Kampf gegen das Böse geht historisch auf Zarathustras-Glauben zurück, der die Welt als Schlachtfeld eines kosmischen Krieges zwischen Gut und Böse sah" (Loy, 2001; Loy 2003).

Werten und das Wertesystem

„Gefangen in Urteilen und Wertungen ist der Geist verwirrt." (Soko Morinaga Roshi)

Ein Wertesystem jeweiliger Kultur wird von den meisten Menschen als Orientierungsmaßstab betrachtet; als eine Richtschnur, die ihnen Halt gibt und bei Entscheidungen und Handlungen hilft. Manche orientieren sich dabei an den humanistischen, andere folgen den religiösen Werten, die von den Religionen als objektive Werte („absolute Wahrheiten") betrachtet werden, die unabhängig von den Menschen existieren.

Unter dem Begriff Werte versteht man im Allgemeinen das Wertesystem einer Kultur, einer Nation oder einer Gemeinschaft. Neben den Werten materieller Natur (alle Dinge, die für uns vom Nutzen sind oder Tauschwert haben) gibt es Werte immaterieller, ideeller Natur.

Zu den ideellen Werten zählen wir persönliche Werte wie Freiheit, Glück, Liebe, Gesundheit und Würde (Auch der sentimentale Wert gehört dazu.); geistige Werte wie Wahrheitssuche, Wissen und Weisheit und die sittlichen Werte wie gutes Benehmen, Wahrheitsliebe und Treue. Zudem kommen die sogenannten höheren Werte wie Handeln zum Wohle der Menschheit.

Ob materielle, ob ideelle, alle Werte sind subjektiv. Denn ein Wert entsteht erst in Zusammenhang mit den Menschen: Eine Immobilie behält ihren Wert, solange sie attraktiv für den potenziellen Käufer bleibt. Eine Idee, wie lange sich unsere Sicht nicht ändert. Zudem sind alle Werte relativ, weil von dem Betrachter wie von dessen Perspektive abhängig. Sehr anschaulich macht es ein Satz aus einem Buch von Ernst Schwarz: „Könnten Tiger reden, würden sie sagen, das Reißen von Tieren sei gut. Nicht so der Mönch, der kein Fleisch anrührt" (Schwarz 2000, S. 156).

Zu der Besonderheit der Werte gehört, dass sie gelten, aber nicht existieren.* Was bedeutet, dass sie nur im Bewusstsein der Menschen, aber nicht an und für sich existieren. Sie bestehen auch nur solange, solange sie gültig sind, und somit von der Geisteshaltung der Menschen abhängig, also durch Zeit und Kultur(raum) bedingt.

Dementsprechend gelten in verschieden Zeiten und verschiedenen Gesellschaften, verschiedene Werte: In patriarchalischen Gesellschaften wird vor allem Gehorsam**, Disziplin*** und Ordnung gefragt. In der Moderne mit ihrer industrialisierten Gesellschaft, ist es in erster Linie die Leistung****, an der der Mensch gemessen wird.

---

* Die Frage: Sind die Werte subjektiv oder objektiv, relativ oder absolut wird immer wieder von neuem diskutiert. Die Auffassung, dass die Werte unbedingt gelten, aber nicht existieren, vertrat der Philosoph Rudolf Hermann Lotze schon im 19. Jh..
** Es ist nicht sehr lange her, da erwartete man von Frauen, dass sie fromm, dienlich, ergeben und gehorsam sind, von Männern, dass sie den Gehorsam von Frauen wie Kindern einfordern und ihre Dominanz ausüben.
*** Siehe unter www.planet-wissen.de: „Geschichte der Erziehung".
**** Hier wird natürlich Leistung im Sinne, von Arbeitsleistung verstanden, also, dem Duden nach: eine „unternommene Anstrengung und das erzielte Ergebnis". Wenn es jedoch um das Leben selbst geht, da leistet doch jedes, aber wirklich jedes Leben seinen Anteil. (Siehe: Die systemische Sicht, S. 64)

Die Sicht der Dinge ist abhängig von der Tiefe der Sicht

„Die Herrlichkeit der Welt ist immer adäquat der Herrlichkeit des Geistes, der sie betrachtet." (Heinrich Heine)

Unser alltägliches Denken bleibt gerne auf der Oberfläche. Es gibt sich zufrieden mit dem, was ihm zugetragen wird und fragt nicht viel nach. Ausgerichtet ist es auf Leistung und Erfolg, und erfreut sich somit am Lob, gesellschaftlichem Rang und Besitz. Es identifiziert sich stark mit dem *wir* (ob Familie, Clicke, Klüngel, Heimat, Religion oder Kulturraum) und findet oft *die* (anderen) unvertraut und fremd.

Die tiefere Betrachtungsweise dagegen will wissen, was sich hinter den herkömmlichen Vorstellungen verbirgt – den Plan hinter den Dingen sehen. Die tiefer gehende Anschauung nimmt meistens ihren Ausgang in der Stille: in der Kontemplation, Meditation und dem Nachdenken. Es wird hart erarbeitet wie beim Zazen*, lichtet sich langsam beim Lesen und Reflektieren oder kommt unvorhergesehen und plötzlich als ein Gefühl des Einsseins mit der Natur und dem Universum. Die neu gewonnene Sicht verändert die Perspektive und der Mensch bekommt einen tieferen Blick. Er wird sensibler und aufmerksamer und nimmt somit die Umwelt, die Menschen und auch sich selbst anders wahr. Denn gerade die tiefere Sicht der Dinge lässt ihn offenherzig, einfühlsam und achtsam gegenüber den anderen wie der Natur sein. Er lernt dabei das Leben, den anderen wie auch sich selbst zu achten, zu respektieren und zu schätzen.

---

* Zazen nennt man die Zen-Meditation. Es ist eine sehr strenge Art zu meditieren. Zen ist eine buddhistische Meditationsschule.

2.1. Die Wertschätzung von Menschen –
Wertschätzung und Respekt

„Es ist keinem Menschen möglich, vom anderen zu sehen, wie weit er auf seinem Wege sei." (Hermann Hesse)

An sich bedeutet die Wertschätzung vor allem eine wohlwollende Anerkennung des anderen. Sie äußert sich in Freundlichkeit, Aufmerksamkeit und Respekt – denn Respekt folgt der Wertschätzung. (Respekt wird hier im Sinne von Wertschätzung, Achtung und Würdigung verstanden und nicht als Autorität, Rang und Prestige.) Ein respektvoller Blick weiß über die Einzigartigkeit und Unnachahmlichkeit jedes Menschenlebens. Er versucht ihn in seiner ganzen Persönlichkeit wahrzunehmen und ihn *so wie er ist* wertzuschätzen. Respekt ist eben nichts anderes, als den Menschen für *wert-voll* zu halten. In manchen Kulturen heißt es auch, man soll Respekt vor der Würde des anderen haben.

Vor allem in Fernost begegnen sich die Menschen mit großem Respekt, auch im Alltag. Erwiesen wird der Respekt in erster Linie mit Gesten: In Japan ist es ein tiefes Verneigen, das den anderen würdigt. Im indischen Kulturraum wird man neben den aneinandergelegten Handflächen und leichtem Verbeugen auch mit *Namaste* begrüßt, was so viel wie: „Ich erkenne das Göttliche (das Wesen, den göttlichen Funken) in dir" bedeutet. Dabei bringt man den Respekt gleichermaßen dem anderen wie sich selbst (seinem eigenen Wesen) entgegen. Die Geste ist gleichzeitig ein Zeichen der Dankbarkeit und ist auch in anderen asiatischen Ländern zuhause (wie *Wai* in Thailand).

Respekt den anderen gegenüber hängt eng mit dem Selbstwertgefühl* zusammen. Nur der, der seinen eigenen Wert kennt**– sich selbst respektiert – respektiert und achtet auch den anderen. (Man kann eben nur das geben, was man hat.) Sich selbst zu respektieren, bedeutet sich anzunehmen, an sich zu glauben, sich seine Fehler zu verzeihen (Denn sie sind dazu da, um aus ihnen zu lernen und nicht, um an ihnen zu verzweifeln.) und die Verantwortung für sich zu übernehmen: Seinen Eigenwert nicht von Meinung der anderen bestimmen lassen und somit unabhängig von der Meinung und dem Lob anderer sein.

Den anderen zu achten und zu respektieren, bedeutet auch, seine Gedanken und Gefühle, seine Lebensauffassung anzuerkennen. Allerdings bedeutet es nicht, seine Ansichten zu übernehmen, denn so wie seine Sichtweise zu ihm, gehört die unsere zu uns (und erwartet genauso seinen Respekt).

Eine tiefgreifende Dankbarkeit erweist ihren Respekt gleichermaßen den Menschen, die uns im Leben begleiten, wie der Natur mit ihrer Pflanzen- und Tierwelt, die uns das Leben ermöglichen.

---

* Vor allem Kindern sollte man in jeder Situation das Gefühl geben, dass sie *wert-voll* und somit *liebens-wert* sind, auch dann, wenn sie sich was zuschulden kommen lassen (vgl. Liedloff 1994, S. 112 f, 124, 130).
** Selbstsicherheit speist sich aus dem Selbstwertgefühl, dem Gefühl *wertvoll* zu sein. Ein wichtiger Aspekt der Selbstsicherheit ist die Identität. Die meisten Menschen identifizieren sich in erster Linie mit ihrem Geschlecht, ihrer Familie und dem Kulturraum, in den sie hineingeboren wurden. Auch Freundeskreis, Beruf und Religion gehören zu der sozialen Identität. Es gibt aber auch Menschen, die eine viel tiefer liegende Identität entdecken, die wir alle als Kinder gespürt haben. Das tiefe Identitätsgefühl wird, nach der Auffassung alter spiritueller Traditionen, von der Seele vermittelt und gibt dem Menschen einen beständigen Halt (vgl. Moore 2001, S. 93, 140 ff).

Den anderen Menschen entdecken

„Einem Menschen zu begegnen, heißt von einem Rätsel wachgehalten zu werden." *(Emmanuel Léwinas)*

„Jeder Mensch hat seine eigene Geschichte." *(Krzysztof Kieślowski)*

Es heißt, jeder Mensch sei einzigartig – einmalig in seinem Wesen, in seinem Fühlen und Denken. Jeder trägt in sich Fähigkeiten, Begabungen und Träume, die sich entwickeln und verwirklichen wollen. Es gibt nicht einmal zwei Leute, die gleich sind. Nicht einmal Zwillinge sind es.

Jeder Mensch ist unverwechselbar in seiner Persönlichkeit und in seiner Geschichte. Den anderen Menschen zu entdecken, ist deswegen spannend und bereichernd. Denn entdecken wir den Menschen, entdecken wir neue unbekannte Welten. Das Leben erscheint uns vielschichtig und verschiedenartig. Leider bleiben wir meistens an der Oberfläche und sehen nur das, was wir sehen wollen.* Erst wenn wir aus den gewohnten Denkmustern ausbrechen und offen und unvoreingenommen den anderen sehen, haben wir eine Chance den Menschen im Menschen zu erblicken.**

Allerdings ist dabei Vorsicht geboten, um der Überzeugung nicht verfallen, schon alles zu wissen und mithin klar

---

* Längst nicht alle bringen ihren Mitmenschen eine Wertschätzung entgegen. Allerdings geringschätzig und respektlos verhält sich jeder, der seinen Nächsten als selbstverständlich betrachtet, ihn ausnutzen oder für seine Zwecke zu manipulieren, ihm seine Ansichten, seine Überzeugungen überstülpen und bei jeder Gelegenheit ihm seinen Willen aufzuzwingen versucht.

** In Anlehnung an den Satz, in Fontanes „Stechlin": „Wer demütig ist (…) erblickt den Menschen im Menschen" (Fontane 1973, S. 278).

sehen zu können. Denn das Gefühl der Klarheit* kann auch blind machen: Er lässt einen vergessen zu reflektieren und an sich zu zweifeln, sodass man dem Glauben verfällt, einem bliebe nichts mehr verborgen (vgl. Castaneda 1991, S. 70-73). Man ist dann schnell überzeugt, den anderen Menschen bis in den letzten Winkel seiner Seele aufspüren zu können. Doch wir können die sehr komplexen und vielschichtigen Persönlichkeiten der Menschen nicht erschließen. Das Meiste bleibt für uns verborgen und somit wird letztlich jeder Mensch für uns ein Geheimnis bleiben. Denn, wie der alte chinesische Weise Lao Tse sagt: „Der Mensch kennt alle Dinge der Erde, aber den Menschen kennt er nicht."

Wertefreie Betrachtung

„Keiner ist größer als irgendwer sonst." (Sheldon B. Kopp)
„An sich ist nichts weder Gut noch Böse, erst das Denken macht es dazu." (William Shakespeare)

An und für sich ist gar nichts wertlos oder wertvoll, nur der Mensch wertet alles. Die Natur wertet nicht. Sie ist wertfrei: Für sie ist alles, *wie es ist*. Das, was wir in der Natur als wunderschön und friedlich oder grausam und gefährlich erleben, ist bloß die Wertung des Menschen. Vor allem die fernöstlichen Religionen streben nach einem absichtslosen,

---

* Klarheit erlaubt einerseits „den Plan hinter den Dingen zu sehen." Sie bedeutet: „einen Garten nicht von Niveau der Erde aus zu betrachten, von wo alles wirr erscheint, sondern ihn aus genügender Höhe zu betrachten, so dass die Anordnung der Reihen sichtbar wird" (Anthony 1998, S. 185). Andererseits, Carlos Castaneda zufolge, kann sie ein Feind des Wissens sein: Denn halten wir an ihr fest, sind wir, nach den Worten des Don Juans, eines Yaqui Schamanen, „ unfähig noch etwas zu lernen" (Castaneda, 1991, S. 70 ff).

wertfreien Betrachten: Für einen Zen-Meister geschehen alle Dinge „ohne jegliche Absicht" (vgl. Moore 2001, S. 62): „Die Wildgänse haben nicht vor, sich zu spiegeln. Das Wasser hat nicht die Absicht, ihr Bild aufzunehmen." (Zen-Gedicht, s. o.). Demzufolge bleibt er ruhig und gelassen: *Es ist, wie es ist.*

Versuchen wir den anderen Menschen absichtslos zu betrachten, haben wir die Chance ihn als ganze Persönlichkeit wahrzunehmen. Denn wir bleiben nicht an seinen Tugenden oder schneller noch an seinen vermeintlichen Fehlern hängen. Wir nehmen ihn dann mit dem Herzen wahr, so wie die kleinen Kinder es tun. Mit dem Herzen wahrnehmen bedeutet, den anderen in seinem „ganzen Sein" (Capra 1980, S. 47) zu erfassen. Es ist der *liebe-volle* Blick, denn die Liebe wertet nicht.

Die Welt des ganzheitlichen Denkens

„Das Ganze ist mehr als die Summe seiner Teile." (Aristoteles)
„Alles ist eins und alles ist verschieden." (Blaise Pascal)

Das ganzheitliche Verständnis der Realität ist eigentlich keine Erfindung der Moderne. Es gab immer schon geistige Traditionen und philosophische Strömungen, die die Welt als eine Ganzheit betrachteten. Ganzheitliches Denken findet sich genauso in der Geschichte der westlichen Philosophie, angefangen bei den alten Griechen mit Heraklit und seiner Feststellung *panta rhei* (alles fließt), wie in den fernöstlichen Religionen und philosophischen Schulen (Taoismus, Buddhismus und Hinduismus u. a.) und allen Naturreligionen und schamanischen Traditionen der Welt. Zu den bekanntesten ganzheitlichen Denkern unserer Zeiten gehören unter anderem: Carl Gustav Jung, David Bohm, Fritjof Capra, Rupert Sheldrake, Humberto M. Maturana und Francisco J. Varela sowie Hans Peter Dürr.

Im Unterschied zu dem dualen Denken, das die Phänomene trennt und sondert, versucht sich das ganzheitliche Denken an einem umfassenden, einheitlichen Weltbild. Es ist eine Antwort auf die gewohnte mechanistische Betrachtungsweise, die seit dem 17. Jahrhundert das Denken der Menschen bestimmt. Im Unterschied zu der Weltanschauung der Aufklärung mit ihrem Trennungs-Paradigma*, erfasst das neue Denken die Welt als eine dynamische Ganzheit: vielschichtig und komplex. Eine Ganzheit, in der alles miteinander verbunden, verwoben und vernetzt ist. Für die ganzheitliche Anschauung existiert kein Ding unabhängig, sondern nur *in Beziehung zu anderen*, um es mit Alan Watts zu sagen: „Nur in Beziehung zu allen anderen ist, was es ist" (Watts 1983, S. 76). Ganzheitlich gesehen gehören Vernunft und Intuition zusammen und ergänzen sich einander. Erst beide zusammen ermöglichen uns ein komplexes, ganzheitliches Denken.

Aus der ganzheitlichen Sicht wird der Mensch als eine Einheit von Körper, Geist und Seele betrachtet. Er wird nicht verglichen und nicht kategorisiert** – und folglich nicht gewertet. Im Alltag verstehen wir unter der ganzheitlichen Sicht, einen Menschen mit all seinen Seiten und Eigenschaften wahrzunehmen.

---

* Trennungs-Paradigma, siehe S. 37 ff
** Das rationale Denken ordnet gerne alles in Ordnungssysteme. Auch den Menschen ordnet es in Kategorien: in erster Linie nach Glauben, Herkunft, Charaktereigenschaften, Bildung und Zugehörigkeit zu einer sozialen Gruppe.

Die systemische Sicht

„Kein Ding besteht unabhängig in sich selbst, sondern nur in Bezug auf andere." (Lama Gowinda)

„Die Blumen öffnen sich wie die Jahreszeiten es wollen." (Lieder der Grenzwächter)

„Niemand ist eine Insel für sich allein", die von dem englischen Schriftsteller John Donne stammende, schon fast sprichwörtliche Sentenz, trifft genau die Sicht der System-denker, nämlich, dass jeder von uns in ein Netzwerk, ein System eingebunden ist: eine Familie, Partnerschaft, einen Freundeskreis, eine Gesellschaft und einen Kulturkreis, das ihn lebenslang trägt. Auch die Natur ist ein System, dessen Teil wir sind, genau wie das Universum.

Die Systemtheorie ist ein Erklärungsmodell der Wirklich-keit, das im Unterschied zu dem uns gewohnten mechanistischen Modell* nicht von Einzelelementen,** sondern Systemen ausgeht. Zu den bekanntesten Systemen gehören genauso das Weltall, das Sonnensystem und das Ökosystem (Biosphäre) wie all die oben benannten ge-sellschaftlichen Systeme, die auch in der Tierwelt ihre Entsprechung haben: als Ameisenhügel, Bienenstock, Fisch-schwarm, Wolfsrudel oder eine Elefantenherde. Auch jeder

---

* Das mechanistische Weltbild ist ein Erklärungsmodell der Aufklärung: Seit dem 17. Jh. wird das Universum als eine Art Maschine gesehen, die nach mechanischen Gesetzen funktioniert.

** Der uns vertraute rationale, analytische Denkprozess ist linear und beruht auf der Abfolge von Ursache und Wirkung, seine Methode ist die Analyse: Ein Phänomen, ein Ganzes wird zerlegt und auf seine Bestandteile reduziert (vgl. Capra 1985, S. 39-46, 56-59). Die Phänomene werden isoliert betrachtet, obwohl sie in der Realität nicht isoliert vorkommen.

Organismus ist ein lebendiges System, das weitere Systeme beherbergt, nämlich ein Kreislauf-, Nerven-, Knochen- und Muskelsystem. Überdies ist jede Zelle des Körpers sowie jedes Atom ein autonomes System.

Ein System ist eine Ganzheit und keine bloße Summe seiner Elemente.* Charakteristisch für ein System ist, dass alle seine Elemente miteinander verbunden, „vernetzt" sind und sich wechselseitig beeinflussen. Sie hängen alle voneinander ab, genauso wie die Systeme sich untereinander bedingen. Denn alle Systeme befinden sich innerhalb anderer Systeme, genauso wie ihre Elemente eigene Systeme (Untersysteme) bilden. So findet sich z. B. das System Ameisenhügel im System Wald wieder und der wiederum in dem Ökosystem. Dabei stellt der Organismus jeder Ameise auch ein System dar, der andere Systeme (Organe, Gewebe, Zellen, Atome) beherbergt.

Auch in dem System Familie, Partnerschaft oder Freundeskreis beeinflussen wir uns alle ständig gegenseitig. Nach dem Begründer der Kommunikationstheorie Paul Watzlawick, können wir „nicht, nicht kommunizieren", denn: „Kommunikation findet immer statt, wo Menschen als soziale Wesen zusammen sind" (vgl. Watzlawick 1985, S. 53). Wir schicken also durch unser Tun oder Lassen unaufhörlich Signale** an die anderen, so hat unser Verhalten immer eine Wirkung auf sie.

---

* Der Gedanke ist sehr alt. Schon der chinesische Philosoph Lao Tse hat um 400 v. Chr. behauptet: „Die Summe der Teile ist nicht das Ganze." Was meistens zitiert wird, ist jedoch der Ausspruch von Aristoteles: „Das Ganze ist mehr als die Summe seiner Teile." Was bedeutet, dass „das Ganze Eigenschaften hat, die man nicht aus den Eigenschaften der Teile zusammensetzen kann". (Jürgen Audretsch: Neue Ganzheit – Die Quantenwelt ist anders, S. 27)
** Auch Schweigen und Ignorieren gehört dazu.

2.2. Wahrnehmung
und Wertschätzung der Natur

Die alltägliche Wahrnehmung der Natur

„Nicht immer feindlich nach allem fassen." (Reiner Maria Rilke)

Die mechanistische und die ganzheitliche Sicht der Welt sind nicht nur zwei ganz unterschiedliche Weltanschauungen, die unterschiedlichen Zugang zu Natur bestimmen. Sie ziehen auch einen andersartigen Umgang mit der Natur nach sich: Während der ganzheitlich denkende Mensch ihr mit Achtung und Demut begegnet, da er sie als lebendiges Ganzes* sieht, dessen Teil er sich wähnt; versteht sich der rational-analytisch denkende Mensch nicht nur als von ihr getrennt** und von ihren Gesetzen „ausgenommen", sondern als über ihr stehend (vgl. Govinda 1995, S. 71; Watts 1981, S. 18-19, 174). Diese

---

* Eine Weltsicht, die Natur als „vielfältiges, lebendiges Ganzes betrachtet, in das der Mensch organisch eingebunden ist" (von Stuckrad 2003, S.190). Für die neue, ganzheitliche Auffassung ist unser Blauer Planet kein „toter Gesteinbrocken" mehr, sondern vielmehr ein lebendiger Organismus.
** Aus dieser dualistischen Sicht erscheint die Natur dem Menschen als fremdartig und nicht zu ihm gehörend, und wie alles Fremde bedrohlich und unberechenbar. Vor allem große Bäume werden regelrecht als Lebensqualität mindernd empfunden. Früher als Mittler zwischen der Erde und dem Kosmos und als das höchste Geschenk der Götter verehrt, werden sie neuerdings als krankmachend (Pollen), „schmutzig" (abfallende Blätter und Samen) und als potenzielle Unfallverursacher (beim starken Wind, Eisregen) wahrgenommen. Aus diesem Grund fallen sie immer wieder einer Säge zum Opfer, oft nur auf einen Verdacht hin. (Vgl. Andreas Rollof: „Bedeutung und positive Wirkungen von Bäumen", unter: www.forstpraxis.de/bedeutung-positive-wirkungen-baeume.html.)

Auffassung wurzelt allerdings nicht nur in der mechanistisch-materialistischen Lebensanschauung, mit ihrer Spaltung von Mensch und Natur, sondern auch in dem „allzu wört-lich" genommenen alttestamentlichen Aufruf: „Macht euch die Erde untertan" (vgl. Grefe, 2009, S. 2-3). Beides führt dazu, dass sich der gewöhnlich denkende Mensch als die „Krone der Schöpfung" und als Herrscher über seine Umwelt empfindet.

Aus dieser Sicht ist die Natur dazu da, um dem Menschen alles zu liefern, was er zum Leben braucht: Nahrung, Roh-stoffe und Energie (Kohle, Erdöl, Gas). Kurz gesagt, sie ist dazu da, „um vom Menschen ausgenutzt zu werden" (Fromm 1971, S. 10). Es ist ein reines Nutzungsdenken, das oft mit Profitdenken Hand in Hand geht. Denn der so denkende Mensch nimmt sich meistens mehr als er braucht und der Natur gut tut.* Dabei geht er oft mit einer Gier vor, die nicht zu stopfen ist: Er jagt Tiere ohne Hunger zu haben, düst mit dem Bergfahrrad durch Wälder und Berge, ohne verfolgt zu werden. Als wäre das nicht genug, spielt er sich auch zu ihrem Schöpfer, indem er viele Nutzpflanzen tiefgreifend verändert (Gentechnik). In seiner Gier nach Profit macht er alles zu Ware: Wälder, Wasser, Berge, Sand, sogar den Menschen.** Er nimmt sich alles, was er zu fassen kriegt, auch das, was ohne (Brachial-)Gewalt von der Natur nicht zu

---

* Die indigenen Völker nehmen sich von der Natur nur so viel, wie sie brauchen und bewahren somit ihre Mitwelt in ihrem ursprünglichen Zustand. So haben z. B. Aborigines, die laut Archäologen seit vierzig- bis sechzig tausend Jahren Australien bewohnen, ihre Umwelt nach all der Zeit so er-halten, wie sie einst war. Der moderne Mensch brauchte nicht mal hundert fünfzig Jahre, um die Erde vielerorts an den Rand des Kollaps zu bringen.
** Manche Berge werden so weit geplündert, dass sie fast abgetragen werden und in Zahnpasta, Seife gar Lebensmitteln landen (vgl. Fiona Ehlers: Ge-plünderte Alpen in: Der Spiegel 13/2012, S. 108). Allgemein bekannt ist die>

kriegen ist* und rennt dabei, wie Konrad Lorenz mal schrieb: „in sinnloser Weise mit sich selbst um die Wette" (Lorenz 1983, S. 323).

In seinem (kurzsichtigen) Glauben an das unbegrenzte Wachstum, merkt er nicht, dass auf einem begrenzten Planeten ein unbegrenztes Wachstum nicht möglich ist (vgl. Vester 1988, S. 32), und dass er gerade dabei ist, die Schatzkammern der Natur unwiederbringlich auszuplündern.** Die Warnungen, dass er damit mit eigenen Händen den Ast absägt, auf dem er sitzt, kommen von verschiedenen Ecken. Die wohl bekannteste ist die sogenannte Weissagung der Cree-Indianer: „Erst wenn der letzte Baum gerodet, der letzte Fluss vergiftet, der letzte Fisch gefangen ist, werdet ihr merken, dass man Geld nicht essen kann".

> die Abholzung der Wälder. Dabei geht es genauso um den Urwald wie um die Wälder in Europa, die selten eine Chance haben als richtiger, ursprünglicher Naturwald zu wachsen, da sie meistens als Monokultur (Wirtschaftswald) gepflanzt und später für Geld abgeholzt werden. Auch Wasser wird immer mehr zu Ware, ihre Ressourcen werden weltweit privatisiert. (Vgl. Charta des alternativen Wasserforums FAME Marseille 2012, zu finden unter: www.fame2012.org/files/charte-de.pdf oder den Dokufilm: Water makes money.) Den Küsten wird de Sand geraubt, der Mensch zu „Humankapital" degradiert.

* Die Rede ist von der unkonventionellen Erdgasförderung, dem sogenannten Fracking. Um an das in Schiefer- und Sandsteinschichten gebundene Gas zu kommen, braucht man eine sehr aggressive Fördertechnologie: teils hochgiftige Substanzen werden tief in den Boden gepresst, was in der Natur großen Schaden verursacht. (Wie groß der Schaden sein kann, zeigt der Film „Gasland" von Josh Fox, der als Warnung an alle gedacht ist.)

** Dahinter steht der Neoliberalismus mit seiner radikalen Marktfreiheit. Interessant dabei ist die Warnung der WWF: Bis 2035 braucht der Mensch, um seinen jetzigen Lebensstil zu halten einen zweiten Planeten. (Vgl. Sven Stokrahm: Zweite Erde dringend gesucht, unter: www.zeit.de/online/2008/44/wwf-living-planet-report Umweltbericht.) Siehe auch unter: www.worldfuturecouncil.org

Die ganzheitliche Sicht und die Wahrnehmung der Natur

„Güte und Freundlichkeit zu allen Wesen." (aus dem Buddhismus)
„Wie alles sich zum Ganzen webt, eins in dem andern wirkt und lebt." (Johann Wolfgang Goethe)

Der ganzheitlich denkende Mensch lässt sich auf die Natur ein.* Er erfreut sich der Jahreszeiten und lebt gerne in deren Rhythmus: Im Frühling genießt er den Duft von frisch aufgeworfener Erde und die ersten Farbtupfer der Frühlingsblumen beglücken sein Herz. Im Sommer lässt er sich von der Sonne verwöhnen und an lauen Abenden lauscht er dem warmen Atem der Erde. Sogar dem Winter kann er etwas abgewinnen. Es ist vor allem die friedliche Stille der verschneiten Gärten, Wiesen und Felder, die ihm zur Entspannen verhilft. Er entwickelt ein Gespür für das lebendige Ganze und fühlt sich darin (als dessen Teil) gut aufgehoben. Viele kennen das: Bei einem ausgiebigen Spaziergang in der freien Natur werden wir nach einer Weile zu einem Teil ihrer selbst. Das beruhigt unsere Gedanken und schenkt uns Ruhe und Zuversicht. Wir werden viel gelassener und bekommen ein besseres Gefühl für das Wesentliche.

Diese „neue" Sichtweise ist *biozentrisch systemisch*, was bedeutet, dass der Mensch sich als Teil des Systems Erde betrachtet. Seine Aufgabe sieht er demzufolge als die des Hüters und Bewahrers und nicht mehr als die eines

---

* Die Gegenwart der Natur ist besonders wichtig für Kinder, denn: „Ohne die Nähe zu Pflanzen und Tieren verkümmert ihre emotionale Bindungsfähigkeit, schwinden Empathie, Fantasie, Kreativität und Lebensfreude" (vgl. Weber 8/2010).

Herrschers. Und weil er, im Unterschied zu dem kurzsichtigen Profitdenken, in großen Zusammenhängen denkt,*
plädiert er für Achtsamkeit, Verantwortung und Nachhaltigkeit und somit für Erhaltung und Kooperation, im Gegensatz
zu Expansion und Konkurrenz, die immer noch in vielen
Köpfen herrschen. So gesehen, findet zurzeit ein grund-
legendes Umdenken statt. Diese „basisdemokratische
Bewegung" wird als Tiefenökologie bezeichnet. Tiefenökologie ist so alt wie die Menschheit und bedeutet Handeln aus
dem Herzen.

Die ganzheitliche Sicht und die Wertschätzung der Natur

„Die Natur ist ein unendlich geteilter Gott." (Friedrich Schiller)
„Schau die Wunder der Natur und sei dankbar dafür."
(Eileen Caddy, Findhorn Community)

Diese tiefökologische, organische Sicht war dem Menschen
ohnehin seit Anbeginn der Zeiten eigen. Ob die süd-
amerikanischen Indios, die nordamerikanischen Indianer, die
Aborigines oder die Inuit, alle indigenen Völker leben auch
noch heute danach. Sie alle betrachten sich als ein Teil der
Natur, einer organischen, lebendigen Natur, in der alles als
beseelt erlebt wird: Tiere, Vögel und Fische genauso wie
Bäume, Flüsse und Berge. Selbst die Erde gehört dazu. Sie ist
die gütige Nährmutter, die „Pachamama", wie sie die Indios
liebevoll nennen, die für alle und alles sorgt.

---

* Vgl. www.tiefenoekologie.de/de/tiefe-oekologie.html.

Dementsprechend ist der Umgang mit der Erde und der Natur von Achtung und Respekt geprägt und daher nachhaltig und verantwortungsvoll. Alles, was sich die indigenen Menschen von der Erde nehmen, versuchen sie ihr „in gleichem Maß" (Schwabenthan 2011, S. 99) zurückgeben, um ihr Gleichgewicht, ihre Harmonie, die sie „aus sich selbst" hat (Watts1983, S. 77) zu erhalten. Es ist ein Denken in Kreisläufen. So wird z. B. Mais nach einer alten Tradition der Maya und Azteken („Milpa") immer zusammen mit Bohnen und Kürbissen angebaut, welche dem Boden die Nährstoffe zurückgeben, die der Mais ihm entzogen hat. (Es ist allgemein bekannt, dass Monokulturen den Boden auslaugen, besonders stark die Maispflanze.) Aber nicht nur der Mutter Erde, auch den Tieren, den wilden wie den „Nutztieren", begegnen die Naturvölker mit Respekt und fühlen sich ihnen verbunden, weil sie sie töten und essen dürfen. Der Tod bedeutet für sie auch keine Vernichtung des Lebens, sondern eine Verwandlung, einen Übergang in eine geistige Welt. Es entspricht ihrem Glauben (ihrem Weltbild), dass die Wirklichkeit aus einer sichtbaren Welt der Natur und einer unsichtbaren Welt der Götter, Ahnen und Naturgeister besteht.*

Auch die alten geistigen Traditionen des Ostens wie der Buddhismus, Taoismus und Hinduismus gehen von einer ganzheitlichen Sicht der Welt aus. Dahinter steht die Einsicht, dass jedes Ding nur in Relation zu einem anderen existiert. Diese organische Betrachtungsweise war früher auch in Europa zuhause und das bis ins Mittelalter hinein (vgl. Capra 1985, S. 51).

---

* Sogar in den sogenannten modernen Gesellschaften hat sich der Glaube an Naturgeister gehalten. So wie in Island, in dem bis heute ein Amt für Naturgeister gibt, das sich mit *Huldofólk*" befasst (vgl. Christoph Drösser: Amt für Naturgeister, in: Die Zeit 15/2007, S. 39).

Die ganzheitliche Sicht und die Handlung

„Der Mensch hat Verantwortung nicht Macht." (indianische Weisheit)

Obwohl es im Alltag vielleicht noch nicht für alle ersichtlich ist, ändert sich die Sicht der westlichen Gesellschaft. Immer mehr Menschen interessieren sich für die ganzheitliche, ökologische Lebensweise. Es geht dabei genauso um den nachhaltigen Umgang mit dem Boden (Permakultur)* den Erhalt der Artenvielfalt (Biodiversität)** wie um die nachhaltigen Herstellungsprozesse, die sogenannte Kreislaufwirtschaft*** (Cradle to Cradle – Von der Wiege zur Wiege). Als Vorbild dient dabei die Natur selbst, die in ihrem Kreislauf keinen Müll produziert.

Viele finden, dass eine nachhaltige Welt einer anderen, zukunftsorientierten Art von Bildung**** bedarf. Der Philosoph und Gelehrte Allan Watts war schon immer der Meinung, dass: „Technologie nur in den Händen von Menschen destruktiv wird, die nicht erkennen, dass sie demselben Prozess angehören wie das Universum" (Watts 1983, S. 45).

---

* Permakultur orientiert sich an den natürlichen Systemen.
** Die riesigen Monokulturen reduzieren biologische Vielfalt und verringern somit die Nahrungssicherheit. (Vgl. Vogl 2009, S.13; Bernhard Geier: Interview mit Vandana Shiva, unter: www.openhouse-site.de)
*** Die Kreislaufwirtschaft bemüht sich ökoeffektiv zu produzieren. Das heißt: Die Stoffe, die biologischen Ursprungs sind, werden zurück in biologische Kreisläufe gebracht, da sie kompostierfähig sind. Die technischen Stoffe dagegen werden in einem technischen Kreislauf immer wieder neu benutzt, was die natürlichen Ressourcen spart (vgl. Braungart 2008).
**** Ein interessantes Konzept ist die Bildung für Nachhaltige Entwicklung (BNE). Vgl. www.alanus-philosophie.de/was-heisst-hier-innovation, www. nationalgeographic.de/.../nachhaltige-marktwirtschaft-es.

3. Mit den Augen des Herzens –
Die unmittelbare Wahrnehmung

„Man kann nur mit dem Herzen sehen. Das Wesentliche ist für die Augen unsichtbar." (Antoine de Saint-Exupéry)
„Das Vergleichen ist das Ende des Glücks." (Søren Kierkegaard)

Die sinnliche Wahrnehmung ist nicht unsere einzige Erfahrungsmöglichkeit der Welt. Wir können die Umwelt auch unmittelbar, also vorbei an den Sinnen, wahrnehmen. Es ist ein ganzheitliches Empfinden, das noch kleinen Kindern eigen ist.

Unmittelbares, direktes Wahrnehmen ist eine erwartungslose Wahrnehmung, „frei von festgefahrenen Vorstellungen" (Villoldo 2001, S. 155). Sie spielt bei der Wahrnehmung von Menschen eine sehr große Rolle. Denn dank ihr können wir uns in den anderen Menschen einfühlen und die Welt aus seiner Sicht sehen – ihn somit besser verstehen. Unmittelbar sind das Erspüren, Empathie und Intuition.

Intuition

„Der Kopf sucht, wo das Herz findet." (Andreas Tentzer)

Die Intuition hat jeder,* obwohl nicht jeder sie auf Anhieb erkennen kann. Im Alltag wird Intuition als innere Stimme, Bauchgefühl verstanden und spielt bei der Wahrnehmung von

---

* Nach Carl Gustav Jung, dem Begründer der analytischen Psychologie, gehört Intuition zu den psychologischen Grundfunktionen der Menschen (neben dem Denken, Fühlen und Empfinden).

Menschen eine große Rolle. Denn „ihre Einfachheit und Unmittelbarkeit gehen direkt ins Herz der Dinge" (Cytowic, 1997, S. 214 zit. nach Gruß).

Auf die Intuition zu hören, lohnt bei allen Beziehungen, besonders aber denen zwischen Eltern und Kindern. Denn Eltern, die ihr Kind intuitiv begreifen, sehen es nicht als ein Projekt, das sich ihren Wünschen und Vorstellungen entsprechend entwickeln soll, sondern lassen es seinem inneren Entwicklungsplan folgen.*

Leider überhören wir oft die leise Stimme. Zumeist, weil wir nicht darin geübt sind, sie wahrzunehmen. Aber auch, weil wir gewohnt sind, uns nach den Vorgaben der Außenwelt (den Stimmen von außen: von Eltern, Lehrern, Medien usw.) und nicht nach der inneren Stimme zu orientieren. Wir geben der Intuition von Anfang an keine Chance, wenn wir im Kopf tausend Stimmen laut schwatzen lassen, krampfhaft nachdenken oder uns von Wut, Aufregung, Hast und Stress übermannen lassen.

In Kulturen, die an den Umgang mit Intuition gewohnt sind, bedienen sich die Menschen der Intuition bei der Wahrnehmung ihrer Umwelt auch im Alltag. Die Naturvölker erspüren z. B. intuitiv, ob eine Pflanze giftig ist. Für den weltweit bekannten japanischen Garten-Designer Shunmyo Masumo, Zen-Priester in Kenkohji Tempel, ist es ganz selbstverständlich, dass ihm die großen Steine und Felsen, „verraten", wo sie platziert werden wollen (vgl. Dokumentarfilm von Ch. Schuch: Zen und die Gärten des Shunmyo Masuno).

---

* Vgl.: www.mit-kindern-wachsen.de/dem-plan-der-natur-folgen.

Empathie

„Ohne empathisches Verstehen gibt es keine Nähe." (Frank-M. Staemmler)

„Der Narben lacht, wer Wunden nie gefühlt." (William Shakespeare)

Empathie* ist die Fähigkeit sich in einen anderen Menschen hineinversetzen zu können: in seine Denkweise, seine Gefühlslage, seine momentane Situation. Es ist die Fähigkeit, dessen Perspektive, dessen Gefühle, Empfindungen und Wahrnehmungen unmittelbar wahrnehmen zu können. Erst das empathische Einfühlen, in die Haut des anderen zu schlüpfen, ermöglicht uns ein tiefes, „einfühlendes Verstehen" (Rogers 1980, S. 92) und bringt uns so den anderen näher.

Von Psychologen wird Empathie deswegen als „der ursprünglichste Weg der zwischenmenschlichen Kommunikation" betrachtet (Gruen, 2003, S. 17). Denn ohne den Menschen, das Individuum in dem anderen erblicken zu können, seine Gedankengänge wie seine Gefühle nachvollziehen zu können, wäre kein friedliches Zusammenleben möglich. Schließlich ist jeder von uns anders und empfindet und denkt anders; und unsere Erfahrungen, unsere Lebenswege wie unsere Vorstellungen vom Leben können manchmal kaum unterschiedlicher sein.

---

* Der Begriff wurde geprägt von dem amerikanischen Psychotherapeuten Carl Rogers (Klienten zentrierte Gesprächstherapie, Kind zentrierte Pädagogik), der Empathie als Grundlage in der Kommunikation zwischen dem Therapeuten und seinem Klienten sah, da sie ein tieferes Verstehen des anderen ermöglicht (vgl. www.catherina-von-siena.de/empathie_begriff.htm; siehe auch unter: www.carlrogers.de).

Dank Empathie können wir „zwischen den Zeilen lesen".
Also während eines Gesprächs* nicht nur den Inhalt, sondern
auch das Unaussprechliche hinter den Worten wahrnehmen.
Sprich: Wir nehmen nicht nur wahr, was der andere sagt,
sondern auch, was er damit uns vermitteln will, nicht selten
auch, was er dabei fühlt. Ebendarum sind wir im Stande, den
Standpunkt und die Gefühle des anderen nachzuvollziehen,
sowie auf die sich dahinter verbergenden Bedürfnisse richtig
zu reagieren.

Wie gut wir erkennen und nachfühlen können, was den
anderen momentan bewegt, was ihn erfreut, schmerzt oder gar
verzweifeln lässt, ist abhängig von unseren eigenen
emotionalen Erfahrungen und unserer eigenen Gefühlstiefe.
So wird z. B. jemand, der selbst Kinder hat, besser die elterlichen Sorgen (wie Freuden) anderer Eltern nachempfinden
können; der, der einen sehr stressigen Arbeitsplatz hat,
schneller ein Verständnis für den an einem Burnout
Leidenden haben. Und wer sich selbst schnell von einer
Hochstimmung verzaubern lässt, schon mal eine unbändige
Freude erlebt hat, den verwundert die Glückseligkeit der
anderen nicht.

Psychologen unterscheiden zwischen der kognitiven (Erkenntnis betreffenden) und der affektiven (emotionalen)
Empathie. Dank kognitiver Empathie können wir Gedanken
und Gefühle des anderen nachvollziehen; die affektive
Empathie ermöglich es uns die Gefühle des anderen nachzu-
empfinden, sie mitzufühlen (Mitgefühl).

---

* Zu jeder Mitteilung – so die Kommunikationsforscher – gehören Inhalts-
und Beziehungsaspekt. Unter Inhaltsaspekt versteht man das, was wir sagen.
Unter dem Beziehungsaspekt dagegen das, was wir meinen und das, wie
unser Gesprächspartner unsere Mitteilung wahrnimmt.

Wie bei vielen seiner Fähigkeiten kann der Mensch auch die Empathie missbrauchen. Es ist die kognitive Empathie, die das ermöglicht: Manche nutzen eben den Blick in das Herz des anderen, um ihn zu manipulieren, die Kontrolle und die Macht über ihn zu gewinnen.

Der empathische Mensch

„Um ein anderes Wesen zu verstehen, musst du in ihm leben, bis in seine Träume hinein." (indianische Weisheit)

Der empathische Mensch ist offen dem anderen gegenüber. Er wertet, etikettiert und kategorisiert nicht – steckt den Menschen nicht in eine „Schublade" –, sondern bleibt interessiert, aufmerksam und einfühlend. Denn er respektiert sein Gegenüber, dessen Gedanken und momentane Gemütsverfassung er nachzuvollziehen sucht.

Sehr empathische Menschen können dabei die Gefühle des anderen nicht nur nachempfinden. Sie können sich so tief hineinfühlen, dass sie mit den fremden Gefühlen verschmelzen und wie ihre eigenen spüren.* Besonders sensible Menschen haben dabei sogar Probleme zwischen ihren eigenen und den fremden Gefühlen zu unterscheiden. Die Hochsensiblen** unter ihnen können dabei selbst die

---

* So ein tiefes Mitempfinden kann auch Schuldgefühle hervorrufen. Denn spüren wir die Verstimmung des anderen, seinen Unmut oder gar Empörung, fragen wir uns unbedacht, ob nicht wir die Verursacher waren.
** Hochsensible nennt man die besonders Sensiblen unter uns. Weil sie die Reize unserer Umwelt viel stärker wahrnehmen, erleben sie die Welt viel intensiver (besonders Musik, Kunst, Gefühle). Charakteristisch ist auch der überdurchschnittliche Sinn für die Gerechtigkeit wie ein großes Bedürfnis nach Stille und Rückzugsmöglichkeit – Zeit und Raum –, um für sich alleine zu sein.

versteckten Emotionen erspüren, obwohl sich die Menschen gelassen und unverfänglich geben.

Tiefes empathisches Verstehen entsteht vor allem zwischen Menschen, die sich sehr nahe sind. Sie brauchen nicht viele Worte, denn sie spüren, was der andere fühlt und denkt. Ganz ohne Worte kommen Eltern und Babys aus. Auch Großeltern sind oft sehr gut darin.

Allerdings nicht jeder von uns ist genauso empathisch wie der andere, denn die Empathie ist bei jedem Menschen anders ausgeprägt. Sie lässt sich jedoch zu jeder Zeit weiter entwickeln. Die einfachste Übung besteht darin, in die Rolle des anderen zu schlüpfen und mit seinen Augen, also aus seiner Position heraus, die jeweilige Situation oder die Welt im Allgemeinen zu betrachten. Auf diese Weise kann z. B. ein frisch gewordener Stiefvater nachvollziehen, wie schwer es seinen Stiefkindern fällt, ihn anstatt den vertrauten und (was oft vergessen wird) geliebten Vater zuhause zu haben.

Empathie gegenüber allen Lebewesen

„Wohin du auch gehst, geh mit deinem ganzen Herzen." (Konfuzius)

Unsere Fähigkeit sich in andere einzufühlen, ist nicht auf Menschen begrenzt. – Sie erstreckt sich auch auf Tiere* und sogar die Pflanzen. Während jedoch die Empathie den Tieren gegenüber den meisten Menschen vertraut ist, erscheint die

---

* Die Naturvölker haben eine andersartige und viel tiefere Beziehung zu den Tieren als der westliche Mensch. Sie respektieren die Tiere als beseelte Lebewesen und jagen nur so viel, wie sie zum Überleben brauchen. Erlegen>

Möglichkeit, sich empathisch in eine Pflanze einzufühlen vielen noch befremdend. Der Grund dafür: Die Pflanzen werden für gewöhnlich als Nutzobjekte und nicht als Lebewesen betrachtet. Und das, obwohl die Ansicht, dass Pflanzen auch lebende Geschöpfe sind, dem Menschen seit Urzeiten bekannt ist*. Denn in allen Naturreligionen (wie z. B. Shinto in Japan) werden Pflanzen als beseelt empfunden. Auch die alten Pflanzenheilkundigen betrachteten die Pflanzen als „Wesen unter Wesen" (vgl. Scheffer 1996, S. 18). Heutzutage ist es in erster Linie die moderne Forschung, die den Menschen diese Sicht vermittelt. Was sie herausgefunden hat, zeigt auch, dass Pflanzen nicht nur mit ihrem eigenen Stoffwechsel und Energiesystem, sondern auch ihrer eigenen Wahrnehmung ausgestattet sind. In vielen Versuchen wurde

---

>sie bei der Jagd ein Tier, bedanken sich sogar bei ihm für sein Opfer. Nach Trophäen zu jagen und mit der Beute zu protzen, gibt es in ihrer Welt nicht. (Wir kennen alle die Fotos mit den Safarijägern in einer Siegespose neben dem erlegten Wild.) Denn in einer Welt, in der alles zusammengehört und voneinander abhängig ist, verdankt jedes Lebewesen sein Überleben einem anderen Lebewesen, ob Tier oder Pflanze (vgl. www.claudia-mueller-ebeling.de). Das Wissen hilft gegen eine Verklärung der Tierwelt und den Dogmatismus, wenn es um die Art der Ernährung geht.
* Der frühe Mensch erlebte die Pflanzen viel „intimer". Da er die Grenze zwischen dem beobachtenden Ich und der beobachteten Natur nicht kannte, wähnte er sich als ein Teil von ihr. Er konnte nicht nur die Pflanzen spüren, sondern sich in sie hineinversetzen: Dachte er an einen Baum, so wurde er zu einem Baum. Diese besondere Beziehung zu den Pflanzen haben die Naturvölker bis heute bewahren können. Dank dieser Fähigkeit wusste der Mensch seit Menschengedenken um die Heilkräfte der Pflanzen. (Auch der englische Arzt Dr. Bach hat in den 30ger Jahren des letzten Jahrhunderts, dank seiner Fähigkeit sich in die Pflanzen einzufühlen, die Heilwirkungen der 38 sogenannten Bachblüten entdecken können.) Vor allem die Bäume galten früher als „höchster Geschenk der Götter" (Wittman 2003, S. 7). Was uns heute nicht wundern soll, denn Bäume spenden uns nicht nur den Sauerstoff, sie halten die Verwüstung und Erosion des Bodens auf, haben auch die Fähigkeit einen schon verwüsteten Boden wiederzubeleben (siehe Island).

in der Tat nachgewiesen, dass Pflanzen, wie jedes Lebewesen, auf Reize reagieren und sogar zwischen Menschen, die ihnen bekannt und unbekannt sind, unterscheiden können.* Sie können auch Signale an andere Pflanzen schicken, wenn Gefahr im Anmarsch ist.

Menschen, die sich in eine Pflanze einfühlen können, sind auch imstande zu spüren, was sie gerade braucht und das, bevor die Blätter schlaff hängen. Sie sind oft begnadete Gärtner und ihre Pflanzen gedeihen bei ihnen besser als woanders. Die Außenstehenden schreiben es dem „grünen Daumen" zu und meinen damit mehr, als ihnen bewusst ist.

Auf offene, empathische Menschen wirken Pflanzen harmonisierend. Viele finden auf einer wilden Wiese, im Wald und oft auch im Garten die innere Ruhe wieder, „kommen sich selbst näher" (Haag 2001, S. 41). Als besonders tröstend werden von sensiblen Menschen große Bäume empfunden.

Bei Tieren sind es in erster Linie die Haustiere, bei denen wir erspüren können, ob sie sich wohlfühlen. Aber auch den Wildtieren gegenüber bleiben wir meistenteils offen und zugetan. Schon Kinder nehmen verletzte Kleintiere, denen sie draußen begegnen, mit nach Hause, um sie gesund zu pflegen. Auch ausgesetzte Hunde und Katzen bekommen auf diese Weise häufig ein neues Heim. Es ist das empathische Empfinden, das Menschen dazu führt, den Tieren respektvoll zu begegnen und sich um sie zu kümmern. Ohne dieses Empfinden hätte keiner zu seinem Hund (wie zu seiner Katze)

---

* Pflanzen reagieren mit anderen Schwingungen auf Menschen, die ihnen vertraut sind als auf Fremde (vgl. Haag, 2001, S. 22 f, 31, 36).

persönliche Bindung aufbauen können. Ihn als einen Freund betrachten, mit dem man sich gut „verstehen" kann.

Die Empathie den Tieren und Pflanzen gegenüber steht am Anfang der ökologischen Bewegung – des Naturschutzes und des Nachhaltigkeitsprinzips –, also der Verantwortung der Menschen gegenüber der Erde, der Schöpfung.

Teil III

Dankbarkeit – Das innige Gefühl und seine tiefgreifende Wirkung

„Dankbarkeit ist ein Zeichen edler Seele.“ (Aesop)

Die Kraft der Dankbarkeit

„Die größte Kraft des Lebens ist der Dank." (Hermann von Bezzel)
„Wäre das Wort »Danke« das einzige Gebet, das du je sprichst, so würde es genügen." (Meister Eckhart)

Das Gefühl der Dankbarkeit kommt spontan und unbefangen direkt aus dem Innersten unseres Seins. Es ist voll Wärme und Liebe, gütig und wohlwollend, bejahend und selbstlos. Es lässt uns die Welt, den Menschen und uns selbst mit einem liebevollen Blick anschauen. Das warme Gefühl wirkt gleichzeitig nach innen und nach außen: Es manifestiert sich direkt als Dank und indirekt in unserer Lebenseinstellung, denn es bleibt tief in unserem Herzen bewahrt und beeinflusst unsere Geisteshaltung. Es schenkt uns die Feinfühligkeit und somit einen einfühlsamen Blick und folglich lässt es uns reifen und wachsen.

Im Buddhismus heißt es, die Dankbarkeit lehre uns die Güte (so wie die Güte uns umgekehrt die Dankbarkeit lehre). Als große spirituelle Kraft gehört Dankbarkeit zu jeder Religion und ist, laut dem Benediktinerpater David Steindl-Rast, der Kern der Spiritualität.

Was für große Kraft hinter den Worten der Dankbarkeit steckt, zeigen auch die Versuche des japanischen Wasserforschers Masaru Emoto. Mit seiner Methode, die Qualität von Wassertropfen fotografisch festzuhalten, zeigt er, dass man mental und emotional die Wasserstruktur verändern kann. Dabei bringen Begriffe wie „Liebe und Dankbarkeit" die schönsten und facettenreichsten Sterne hervor (Emoto 2002, S. 94).

Die gelebte Dankbarkeit vermag auch, uns gesund zu halten. Sie soll vor allem fähig sein, unser Herz zu stärken, heißt es.

Warum wir Dankbarkeit brauchen

„Das Herz kennt Gründe, von denen der Verstand nichts weiß." (Blaise Pascal)

Dankbarkeit bereichert unser Leben. Sie öffnet und weitet unser Herz und verändert unseren Blick nicht nur auf den anderen und uns selbst, sondern auch auf die Umwelt – und das auf lange Sicht. Es öffnet uns die Augen für die Fülle und Pracht der Natur, die Erhabenheit der Schöpfung und die Kostbarkeit des Lebens. Es macht uns bewusst, dass wir ein Teil des Lebensnetzes sind, das für alle Lebewesen gewoben worden ist.*

Wie die Liebe, so zählt auch die Dankbarkeit zu den Gefühlen, die uns im Leben tragen. Dank ihr bleiben wir bescheiden und zufrieden. Denn sie schützt uns von Maßlosigkeit und Gier, die manche von uns auffressen drohen und mit der Welt und dem Leben hadern lassen. Das innige Gefühl hilft uns, die Seiten des Lebens zu entdecken, die für Geld nicht zu haben sind, uns aber zufrieden und glücklich, und unser Leben sinnvoll und lebenswert machen können.

In einer Welt, die in erster Linie auf Leistung und Wachstum ausgerichtet ist, brauchen wir Dankbarkeit, um uns

---

* In Anlehnung an die Worte, die dem Häuptlings Noah Seattle zugeschrieben werden: „Die Menschheit hat das Netz des Lebens nicht gewoben, wir sind nur ein kleiner Faden drin. Was immer wir dem Netz tun, tun wir uns selbst. Alles ist miteinander verwoben, alles gehört zusammen."

auf uns selbst zu besinnen: auf unsere (geistigen) Wurzeln sowie auf den Sinn des Lebens selbst.

Von Dankbarkeit getragen –
Dankbarkeit als Lebenseinstellung

„Dankbarkeit ist vielmehr eine Verfassung denn eine Aussprache." (Rainer Maria Rilke)

„Hochgesinnte Männer und Frauen, die warmes Empfinden besitzen, sind fast immer Optimisten." (Ernest Dimnet)

Ein dankbarer Mensch ist ein zufriedener Mensch. Er ist feinfühlig, aufmerksam und bescheiden. Klappt etwas in seinem Leben nicht auf Anhieb, so sucht er die Schuld weder bei anderen, noch hadert er mit der Welt. Denn er weiß, dass er selbst und kein anderer für sein Leben verantwortlich ist. Er fühlt sich ohnehin im Leben gut aufgehoben, da er sich als Teil des Ganzen betrachtet. Obwohl er sich nur so viel nimmt, wie er braucht, fühlt er sich reich beschenkt, weil er in Fülle und nicht in Mangel denkt. Da „der dankbare Geist ist ständig auf das Beste ausgerichtet" (Wattles 1910, S. 25).

Er lässt sich deswegen nicht für fremde Zwecke anspannen, indem er mehr konsumiert, als es ihm (und dem Planeten) gut tut. Denn er versucht, Haben und Sein im Gleichgewicht zu halten. Zudem weiß er: Gerade das, was der Mensch an meisten braucht, ist nicht für Geld und nicht in Shopping-Zentren zu bekommen. Denn alles, was die Seele nährt: Liebe, Freude, Freundschaft, Schönheit des Augenblicks und Stille bekommt man von dem Leben selbst. Es reicht, offen dafür zu sein.

Der dankbare Mensch ist offen und freundlich gesinnt – gegenüber seinen Nächsten, wie der Welt und dem Leben selbst. Er empfindet Dankbarkeit nicht nur gegenüber den Menschen, die ihn im Leben begleiten, sondern auch Tieren und Pflanzen.

Er hat sich den Blick eines Kindes bewahren können, und schaut somit neugierig und unvoreingenommen auf das Leben, das er interessant und spannend findet. Er nimmt dabei Dinge wahr, die viele nicht einmal merken, weil sie zu festgelegt sind. Es ist der offene, unverstellte Blick, den ihm die Dankbarkeit schenkt. Denn bei ihm ist Dankbarkeit nicht nur ein Empfinden, sondern eine *innere Haltung*. Sie führt ihn zur Liebe, die ihn wiederum zur Dankbarkeit führt, und beide zusammen vertiefen sein Leben.

„Jeder Mensch hat die Chance mindestens einen Teil der Welt zu verbessern, nämlich sich selbst." (Paul Anton de Lagarde)

Meine persönlichen Worte der Dankbarkeit

Beim Schreiben des Buches dachte ich oft mit Dankbarkeit an all die, die mein „Netz des Lebens" gewoben haben: An meine Eltern, Großeltern und meine beiden Brüder sowie meine Schwiegereltern und all die vielen Verwandten, Freunde und Bekannten, deren Liebe, Güte, Wärme und Zuneigung mir Geborgenheit und Halt gegeben haben und heute noch zu meinem Wohlbefinden beitragen. Ich dachte auch an all die Menschen, die nur kurz in mein Leben getreten, dennoch in dem Moment große Hilfe waren, bewusst wie unbewusst.

Mein Herz ist voll Dankbarkeit für meinen Mann, sein großes Herz und seine beständige Liebe, für meine drei wunderbaren Kinder, die mein Leben reich, unnachahmlich interessant und erfüllend machten, und meine bezaubernden Enkel, die mir erlaubt haben, die faszinierenden Erfahrungen einer Oma zu machen. Meine Dankbarkeit gilt auch all denen, die von unseren Kindern mit in unser Leben gebracht und die ein Teil unserer Familie geworden sind.

Bibliografie

Allport, Gordon W.: Die Natur des Vorurteils, Kiepenheuer & Witsch 1971

Anthony, Carol K.: Handbuch zum klassischen I Ging, Diederichs Verlag 1998

Audretsch, Jürgen: Die sonderbare Welt der Quanten. Eine Einführung, Verlag C. H. Beck 2008

Audretsch, Jürgen: Neue Ganzheit – Die Quantenwelt ist anders", in: www.audretsch.uni-konstanz.de /aktivities/ download/ neue_ganzheit. pdf

Bach, Edward: Blumen, die durch die Seele heilen. Ausgewählte Originalschriften – zusammengestellt und eingeführt von Mechthild Scheffer, Ullstein 2004

Bachmann, Yvonne / Dettwiller, Christa: Heilen aus der Tiefe. Sieben Stufen zur selbstverantwortlichen Lebensgestaltung, Walter Verlag 1997

Bergmann, Werner: Was sind Vorurteile, in: Informationen zur politischen Bildung, Heft 271/2001, in: www.bpb.de

Bloch, Walter: Ganz werden. Eine praktische Einführung in die Psychologie von Carl Gustav Jung, Sphinx Verlag 1993

Block, J. Richard / Vuker, Harold E.: Ich sehe, was du nichts siehst. 2500 optische Täuschungen und visuelle Illusionen, Goldmann 1993

Blome, Götz Dr. Med.: Das neue Bach-Blüten-Buch, Verlag Hermann Bauer, Freiburg im Breisgau 1992

Braungart, Michael: Die nächste industrielle Revolution: Die Cradle-to-Cradle Comunity, EVA/Europäische Verlagsanstalt, Hamburg 2008

Braungart, Michael, auch in: www.reset.to/Cradle-to-Cradle (Stand 03.06.2012), und in: www.enorm-magazin.de/was-ist-eigentlich-cradle-cradle (Stand 06.10.2015)

Brunner, Sepp und Margit: Permakultur für alle. Harmonisch leben und einfach gärtnern im Einklang mit der Natur, Löwenzahn Verlag 2007

Bühring, Ursel: Praxislehrbuch der modernen Pflanzenkunde: Grundlagen, Anwendung, Therapie, Haug Verlag 2011

Bütlthoff, Heinrich, in: Wahrnehmung. Im Sog der Sinne, Focus Magazin Nr. 9/2008 (www.focus.de/wissen)

Capra, Fritjof: Der kosmische Reigen. Physik und östliche Mystik – ein zeitgemässes (sic!) Weltbild, Otto Wilhem Barth Verlag 1980

Capra, Fritjof: Lebensnetz. Ein neues Verständnis der lebendigen Welt, Droemersche 1999

Capra, Fritjof: Verborgene Zusammenhänge. Vernetzt denken und handeln – in Wirtschaft, Politik, Wissenschaft und Gesellschaft, Scherz Verlag 2002

Capra, Fritjof: Wendezeit. Bausteine für ein neues Weltbild, Scherz Verlag 1985

Carrasco, Birgit Feliz: Die Seele braucht Stille, Knaur 2009

Castaneda, Carlos: Die Legenden des Don Juan. Ein Yaqui-Weg des Wissens, Fischer Taschenbuch Verlag 1991

Cohen, David: Die geheime Sprache von Geist, Verstand und Bewusstsein, Kailash, München 1997

Connor, James A.: Das Feuer der Stille. So bringen sie Freude und Kraft in ihr Leben, Mosaik bei Goldmann 2004

Cytowic, Richard E.: Farben hören, Töne schmecken. Die bizarre Welt der Sinne, Byblos Verlag 1999

Dewdney, A. K.: 200 Prozent von nichts. Die geheimen Tricks der Statistik und andere Schwindeleien mit Zahlen, Springer Basel AG 1994

Dingemann, Rüdiger: Die Ewigkeit des Augenblicks. Japanische Weisheiten, Bruckmann, München 2007

Dinkel, Christoph: Predigt, unter: www.predigten.uni-gettingen.de/archiv-5/030921-3

Downer, John: Die Supersinne der Tiere, Hoffmann und Campe 1990

Dürr, Hans-Peter: Geist, Kosmos und Physik. Gedanken über die Einheit des Lebens, Crotona Verlag, Amerang 2010

Emoto, Masaru: Die Botschaft des Wassers, Koha 2002

Ewert, Jorg-Peter / Ewert, Sabine Beate: Wahrnehmung, Quelle & Meyer, Heidelberg 1981

Faas, Angelika: Intuition – zum rechten Zeitpunkt das richtige tun, Herder 2000

Fischer, Ernst Peter: Schrödingers Katze auf dem Mandelbaum. Durch die Hintertür zur Wissenschaft, Pantheon, München 2006

Flohr, Carsten: Die geheimen Botschaften der Naturvölker, in: PM 05/2009

Fontane, Theodor: Der Stechlin, 1973

Fromm, Erich: Die Kunst des Liebens, Deutsche-Verlags-Anstalt 1980

Fromm, Erich / Suzuki, Daisetz Teitaro / Martino, Richard de: Zen-Buddhismus und Psychoanalyse, Suhrkamp 1973

Gibran, Khalil: Der Prophet, dtv, München 2003

Glaeser, Georg: Wie aus der Zahl ein Zebra wird. Ein mathematisches Fotoshooting, Spektrum Sachbuch 2011, vgl. auch: www.allpsych.uni-giessen.de/Wahrnehmung/Wahr-01-intra.pdf

Goldberg, Philip: Die Kraft der Intuition. Wie man lernt, seiner Intuition zu vertrauen, Scherz Verlag 1985

Goldstein, E. Bruce: Wahrnehmungspsychologie. Spektrum Akademischer Verlag Heidelberg, Berlin, Oxford 1997

G.M. – Merk, Prof. Gerhard: Apothegmata aus *Publius Syrus* 1762, ins Deutsche „übersetzt"

Govinda, Lama: Lebendiger Buddhismus im Abendland. Vision und Vermächtnis des großen Mittlers zwischen Ost und West, Goldmann 1995

Govinda, Lama Anagarika: Der Anfang ist das Ziel. Weisheit für unsere Zeit, Herder 2000

Granet, Marcel: Das chinesische Denken. Inhalt. Form. Charakter, dtv wissenschaft, München 1980

Grefe, Christiane: Wer denkt für Morgen? Im Wald der Erkenntnis, in: Die Zeit Nr. 23/2009 sowie in: www.zeit.de/2009/23/P-Patriarch-Bartolomeus/ seite2

Gruen, Arno: Verratene Liebe – Falsche Götter, Klett-Cotta, Stuttgart 2003

Gruß, Melanie: Wissen, Sinne, Emotionen – Synästhesie als Projektionsfläche zwischen Kunst, Medien und Wissenschaft, in: www.wissenss-werk.de/index.php/arbeitstitel/article/ view File/89/95 (Stand 03.07.2012)

Guski, Rainer: Wahrnehmung, Verlag W. Kohlhammer 1989

Haag, Gabi: Mit Pflanzen sprechen. Die verborgenen Kräfte der Pflanzen aktivieren, Verlag Ludwig, München 2001

Harer, Christoph: Sind es Blicke? – Sind es Worte? – Ist es Gesang? Wahrnehmung und poetische Initiation in E.T. Hoffmanns: Der Goldene Topf, Grin Verlag 2005

Harsieber, Robert: Das neue Weltbild, hpt-Verlagsgesellschaft 1989

Hebbel, Christian Friedrich: Tagebücher, Dritter Band: 1845-1854, Salzwasser Verlag, Nachdruck des Originals von 1905

Heidbrink, Horst: Stufen der Moral. Zur Gültigkeit der kognitiven Entwicklungstheorie. Fernuniversität Hagen 1999: Online-Version 1999

Helfrich, Silke / Böll, Heinrich Hrsg.: Wem gehört die Welt, in: www.boell.de

Hellinger, Bert: Ordnungen der Liebe. Ein Kursbuch, Carl Auer Verlag, Heidelberg 2007

Huang, Al Chung-liang: Tao der Freude. Rezepte für das Glück, Heinrich Hugendubel Verlag, München 1997

Hübscher, Artur: Denken gegen den Strom, Bouvier Verlag Hubert Grundmann, Bonn 1973

Holzinger, Heribert: Hat die Erde eine Seele, in: www.neue-akropolis.de (Stand 15.05.2012)

I Ging, Weltbild o. Datum, Original Diederichs 1924

Jaffé, Aniela: C. G. Jung Bild und Wort. Eine Biografie, Walter-Verlag, Olten und Freiburg 1983

Jordan, Harald: Orte heilen. Die energetische Beziehung zwischen dem Menschen und seinem Wohnort, Knaur 2004

Kollermann, Nicole: Spinn ich oder spinnt die? Über den konstruktiven Umgang mit interkulturellen Irritationen in:

Königswieser, Dr. Roswiter: Selektive Wahrnehmung, in: GDI-Impuls 3/87, gefunden in: www.bc-c.ch/dowlands/ Selektive-Wahrnehmung.pdf

Kreis, Christian: Gekaufte Forschung. Wissenschaft im Dienst der Konzerne, Europa Verlag 2015

Kumbier, Dagmar (Hrsg.): Interkulturelle Komunikation. Methoden – Modelle – Beispiele, Rotwohlt 2006

Liedloff, Jean: Auf der Suche nach dem verlorenem Glück. Gegen Zerstörung unserer Glücksfähigkeit in der frühen Kindheit, Verlag C. H. Beck, München 1994

Lommel, Pim van: Endloses Bewusstsein. Neue medizinische Fakten zur Nahtoderfahrung, Patmos 2011

Lorenz, Konrad: Das Wirkungsgefüge der Natur und das Schicksal des Menschen, Piper Verlag, München 1983

Loy, David: Ein neuer heiliger Krieg gegen das Böse? (2001), in: www.buddhanetz.org/textekrieg.htm

Loy, David: Eine buddhistische Sicht des Irak-Kriegs. (2003), zu finden unter: www.buddhanetz.org/textekrieg.htm

Maelicke, Alfred Hrsg.: Vom Reiz der Sinne, VCH Weinheim, New York, Basel, Cambridge 1990

Merker, Werner: Vom mechanistischen zum organischen Denken und Handeln, in: www.bio-logos.de/leitartikel.htm (Stand 16.08.2012)

Merleau-Ponty, Maurice: Phänomenologie der Wahrnehmung, Walter de Gruyter 1966

Meulemann, Heiner: Soziologie von Anfang an. Eine Anführung in Themen, Ergebnisse und Literatur. Lehrbuch, Studienskripten zur Soziologie, VS Verlag für Sozialwissenschaften

Moody, Harry R.: Sinnkrise in der Mitte des Lebens, Knaur, München 1997

Moore, Thomas: Fenster zur Seele. Wer wir sind, was wir sein können, Kösel, München 2001

Morrison, Philip und Philis: Das Geheimnis unserer Wahrnehmung. Warum wir wissen, was wir wissen, Droemer Knaur 1988

Müller-Ebeling, Claudia: Schamanismus und Vegetarianismus schließen sich aus. Oder: Gibt es Vegetarismus bei Naturvölkern?, Artikel von 2001, in: www.claudia-mueller-ebeling.de/Artikel/Artikel/SchamanismusundVegetarianismus.html (Stand 20.09.2012)

Natzmer, Gert V.: Weisheit der Welt. Eine Geschichte der Philosophie, Herbig 1979

Neil, A. S.: Theorie und Praxis der antiautoritären Erziehung. Das Beispiel Summerhill, Rowohlt Taschenbuch 1969

Nidiaye, Safi: Das Tao des Herzen. Wie sie Ihre Gefühle befreien, Ullstein 2004

Pennington, George: Bewusst leben. Psychologie für den Alltag, Lenzwald Buch- und Medienverlag 2013; (DVD 2007)

Pinl, Claudia: Uralt, aber immer noch rüstig: der deutsche Ernährer, in: Aus Politik und Zeitgeschichte (B 44/2003), zu finden unter: www.bpb.de/apuz/27321/uralt-aber-immer-noch-ruestig-der-deutsche-ernaehrer.)

Rogers, Carl: Die Person im Mittelpunkt der Wirklichkeit, Klett-Cotta 1980

Rogers, Carl.: Der neue Mensch, Klett-Cotta 1981

Roth, Gerhard: Gehirn und seine Wirklichkeit. Neurobiologie und ihre philosophische Konsequenzen, suhrkamp taschenbuch wissenschaft 1994

Saint-Exupéry, Antoine de: Die Stadt in der Wüste, Karl Rauch Verlag, Düsseldorf 1969

Sattar, Adnan: Was ist Bewusstsein. Die verborgene Sicht unserer Realität, Germania-Com, Berlin 2011

Scheffer, Mechthild: Original Bach-Blütentherapie. Lehrbuch für die Arzt- und Naturheilpraxis, Jungjohann Verlag 1996

Seckel, Al: Große Meister der optischen Illusionen: Von Arcimbaldo bis Whistler, Tosa Verlag 2004

Sheldrake, Rupert: Das schöpferische Universum. Die Theorie des morphogenetischen Feldes, Ullstein 1993

Sheldrake, Rupert / Mckenna, Terence / Abraham, Ralph: Denken am Rande des Undenkbaren. Über Ordnung und Chaos, Physik und Metaphysik, Ego und Weltseele, Pieper, München 2004

Shibata, Toyo: Du bist nicht zu alt um glücklich zu sein: Lebensweisheiten einer Hundertjährigen, Verlag Pendo 2012

Shiva, Vandana: Erd-Demokratie. Alternativen zu neo-liberalen Globalisierung, Rotpunktverlag, Zürich 2006

Schnabel, Ulrich / Sentker, Andreas: Wie kommt die Welt in den Kopf. Reise durch die Werkstätten der Bewusstseins-forscher, Rowohlt, Hamburg 1997

Schwabenthan, Sabine: Auf dem Hexenmarkt von La Paz, in: PM 12/2011

Schwarz, Ernest: Das Leben des Bodhidharma. Der Stifter des Zen, Benziger Verlag, Düsseldorf und Zürich 2000

Singer, Wolf: Das falsche rot der Rose, Spiegel-Gespräch, Spiegel 1/2001

Speiser, Dr. Sabine: Indigene Völker in Lateinamerika, in: www.heidi-feldt.de

Staemmler, Frank- M.: Das Geheimnis des anderen. Empathie in der Psychotherapie. Wie Therapeuten und Klienten einander verstehen, Klett–Cotta, Stuttgart 2009

Steindl-Rast, David, Interview mit, in: www.gratefullness.org

Stuckrad, Kocku von: Schamanismus und Esoterik. Kultur- und wissenschaftliche Betrachtungen, Verlag Peeters 2003

Stukenberg, Kurt: Goldanbau in Peru: David gegen Goliath gefunden in: www.greenpeace-magazin.de

Targ, Russell / Putchoff, Harold: Jeder hat den 6. Sinn. Neue Ergebnisse über die psychischen Fähigkeiten des Menschen, Kiepenheuer & Witsch, Köln 1977

Topitsch, Ernst: Mythos - Philosophie – Politik. Zur Natur-geschichte der Illusion, Freiburg 1969, in: www.gleichsatz.de/ b-u-t/can/ananyse.html

Trappmann-Korr, Birgit: Hochsensitiv. Einfach anders und trotzdem ganz normal. Leben zwischen Hochbegabung und Reizüberflutung, VAK Verlag, Kirchzarten bei Freiburg 2010

Urlich, Hans E.: Von Meister Eckardt bis Carlos Castaneda. Reise durch eine andere Wirklichkeit, Fischer Verlag 1987

Vester, Frederic: Die Kunst vernetzt zu denken. Ideen und Werkzeuge für einen neuen Umgang mit Komplexität, DVA 1999

Vester, Frederik: Neuland des Denkens. Vom technokratischen zum kybernetischen Zeitalter, dtv Sachbuch 1988

Villoldo, Alberto: Das geheime Wissen der Schamanen. Wie wir uns selbst und andere mit Energiemedizin heilen können, Goldmann Arkana 2001

Vitebsky, Piers: Schamanismus. Reisen der Seele. Trance, Ekstase und Heilung, Bertelsmann Club 1996

Vogl, Britta: Biokolonialismus, Biopiraterie und intellektuelle Eigentumsrechte, Studienarbeit, GRIN Verlag 2009 (eBook)

Wattles, Wallace D.: Die Wissenschaft des Reich-Werdens, 1910, zu finden unter: www.linde-seminare.de/pdf/die_ wissenschaft_ des_ reich_werdens.pdf

Watts, Alan: Der Lauf des Wassers. Eine Einführung in den Taoismus, Suhrkamp Taschenbuch 1983

Watts, Alan: Im Einklang mit der Natur. Der Mensch in der natürlichen Welt und die Liebe von Mann und Frau, Goldmann 1981

Watzlawick, Paul: Wie wirklich ist die Wirklichkeit? Wahn, Täuschung, Verstehen, Piper Verlag, München 1976

Watzlawick, Paul / Beavin, Janet H. / Jackson, Don D.: Menschliche Komunikation. Formen, Störungen, Paradoxien, Huber, Bern Stuttgart Wien 1985

Weber, Andreas: Zurück auf die Bäume!. Das Recht der Kinder auf Wildnis, Freiheit und Natur, in: Geo Nr. 8/2010

Weber, Gunthard: Zweierlei Glück. Das Familienaufstellen Bert Hellingers, Carl-Auer Verlag, Heidelberg 2007

Weischedel, Wilhelm: Die philosophische Hintertreppe. Die großen Philosophen in Alltag und Denken, Deutscher Taschenbuch Verlag, München 1975

Wilber, K.: Das holografische Weltbild, Scherz 1986

Wilber, Ken: Wege zum Selbst. Östliche und westliche Ansätze zu persönlichem Wachstum, Kösel, München 1984

Wittgenstein, Ludwig: Über Gewißheit (sic!), Suhrkamp 1970

Wittmann, Rudolf: Die Welt der Bäume, Weltbild 2003

Andere Medien

„Auf den Spuren der Intuition", DVD 2010, 13 teilige BR-alpha-Serie über das Phänomen der Intuition, Regie: Ulrich Bohnenfeld und Thomas Gonsior, mehr in: www.intuition-dvd.de (Stand 08.08.2012)

„Bewusst leben. Psychologie für den Alltag" von George Pennington, 13-teilige Sendereihe BR-alpha, DVD 2007

„Das automatische Gehirn", Dokumentation in 3 Teilen 2013

„Gasland", Dokumentarfilm von Josh Fox

„Water makes money", Dokumentarfilm, zu finden in: www.youtube.com/ watch?v=bl73rHlu6r8 (Stand 28.05.2012)

„Zen und die Gärten des Shunmyo Masuno", Dokumentarfilm, Regie: Christoph Schuch, DTV, RTL Living, 13.01.2010

Zeitfracht Medien GmbH
Ferdinand-Jühlke-Straße 7,
99095 - DE, Erfurt
produktsicherheit@zeitfracht.de